AI와 ESG 리더십

인공지능총서

인공지능 시대입니다. 기계가 인간의 인지를 대신하고, 사물이 인간을 통하지 않고 다른 사물과 직접 커뮤니케이션합니다. 이에 따른 인간 삶과 문명 변화를 정확히 이해 · 예측 · 대응하는 것은 이 시대 우리 모두의 과제입니다. 인공지능총서는 인공지능 기술과 환경의 여러 주제를 10가지 키워드로 정리합니다. 관련 개념과 이론, 학계와 산업계의 쟁점, 우리 일상의 변화를 다룹니다. 인간과 기술의 현재, 미래를 세심히 분석합니다.

일러두기

- 인명, 작품명, 저서명, 개념어 등은 한글과 함께 괄호 안에 해당 국가의 원어를 병기했습니다.
- 외래어 표기는 현행 어문규정의 외래어표기법을 따랐습니다. 다만 '딥러닝', '딥마인드', '딥페이크' 등은 관행을 따랐습니다.

AI와 ESG 리더십

김성희

대한민국, 서울, 커뮤니케이션북스, 2024

AI와 ESG 리더십

지은이 김성희
펴낸이 박영률

초판 1쇄 펴낸날 2024년 12월 19일

커뮤니케이션북스(주)
출판 등록 2007년 8월 17일 제313-2007-000166호
02880 서울시 성북구 성북로 5-11
전화(02) 7474 001, 팩스(02) 736 5047
commbooks@commbooks.com
www.commbooks.com

ISBN 979-11-7307-215-4 03500

책값은 뒤표지에 표시되어 있습니다.

차례

지속 가능성을 위한 AI와 ESG의 실천 전략

21세기 들어 급격히 발전한 기술은 기업의 경영 철학과 사회적 책임에 대한 기대를 근본적으로 변화시키고 있다. 이러한 변화의 중심에는 환경(Environmental), 사회(Social), 거버넌스(Governance)를 뜻하는 ESG와 인공지능(AI)이 자리하고 있다. ESG는 단순한 경제적 성과를 넘어서, 기업이 사회적 책임을 다하고 환경을 보호하며 투명한 거버넌스를 실현하는 데 필요한 지침을 제시할 수 있다. 반면 인공지능은 이러한 ESG 목표를 달성하기 위한 매우 강력한 도구로 작동할 수 있다.

ESG는 현대 기업 경영에서 필수적인 요소로 자리 잡고 있다. 이는 기업이 환경 보호, 사회적 책임, 투명한 거버넌스의 원칙을 준수하는 경영 활동을 통해 지속 가능한 성장을 추구하도록 할 수 있다. 과거에는 기업의 성과를 평가하는 데서 주로 재무적 지표가 강조되었지만, 이제는 ESG 지표가 기업의 지속 가능성을 평가하는 중요한 척도로 사용되고 있다. 이러한 변화는 기업이 경제적 이익을 추구하는 것에 그치지 않고, 환경과 사회에 긍정적인 영향을 미치며 지속 가능한 미래를 구축하는 데 기여할 수 있다는 새로운 경영 패러다임을 반영한다.

인공지능은 ESG 목표를 실현하는 데서 핵심적인 역할을 할 수 있는 기술이다. AI는 방대한 데이터를 분석하고 패턴을 도출함으로써, 기업이 환경적 영향을 최소화하고, 사회적 책임을 다하며, 거버넌스를 강화하기 위해 필요한 전략을 수립하는 데 큰 도움을 줄 수 있다. 예를 들어 AI를 활용한 데이터 분석은 기업이 에너지 소비를 최적화하고, 탄소 배출을 줄이며, 공급망을 투명하게 관리하는 데 중요한 인사이트를 제공할 수 있다. 또한 AI는 윤리적인 개발과 활용을 통해 사회적 책임을 다할 수 있도록 지원하며, 이를 통해 사회적 신뢰를 높이는 데 기여할 수 있다.

특히 ESG와 AI의 결합은 환경 보호와 관련된 다양한 문제를 해결하는 데 중요한 역할을 할 수 있다. AI 기반 예측 분석은 기후 변화의 영향을 예측하고, 이에 대응하는 전략을 마련하는 데 유용하다. 또한 AI는 스마트 그리드와 같은 기술을 통해 에너지 효율성을 극대화하고 재생 에너지 사용을 촉진해 탄소 배출을 줄이는 데 기여할 수 있다.

즉 AI는 방대한 데이터를 실시간으로 분석하고 패턴

을 인식하며 전략적 의사 결정을 지원함으로써, 기업이 자원 관리의 효율성을 높이고 사회적 책임을 이행하며 운영의 투명성을 강화하는 데 기여할 수 있다. 이를 통해 기업은 단순한 경제적 성과를 넘어 사회와 환경에 긍정적인 영향을 미치며, 지속 가능한 성장을 도모할 수 있다.

AI는 특히 환경 보호에 큰 역할을 할 수 있다. AI의 실시간 데이터 분석 능력은 기업이 탄소 배출량, 에너지 소비, 폐기물 관리 등 환경적 지표를 정밀하게 모니터링하고 개선할 수 있도록 돕는다. 이를 통해 기업은 환경적 책임을 다할 뿐만 아니라 비용 절감과 브랜드 이미지 개선이라는 긍정적인 효과를 동시에 누릴 수 있다.

또한 AI는 기후 변화 대응과 자원 효율성 극대화를 통해 지속 가능한 발전을 실현하는 데 중요한 역할을 한다. 이러한 기술적 혁신은 기업이 장기적인 생존 가능성을 높이는 데 필수적인 요소로 작용할 수 있다.

사회적 측면에서, AI는 기업이 더 포용적이고 공정한 사회를 만드는 데 도움을 줄 수 있다. 예를 들어 AI를 기반으로 한 데이터 분석을 통해 기업은 다양성과 포용성을 증진하는 전략을 세울 수 있으며, 이는 궁극적으로 기업이 사회적 책임을 다하는 데 중요한 요소가 될 것이다.

또한 AI를 활용한 자동화 시스템은 기업의 업무 효율성을 높이는 동시에 직원들의 노동 조건을 개선하는 데도 도움을 줄 수 있다.

AI는 또한 사회적 책임을 실천하는 데도 중요한 도구다. AI는 소외된 계층의 접근성을 향상시키고, 공공 안전과 보안을 강화하며, 교육과 의료 서비스의 질을 높이는 데도 활용될 수 있다. 이러한 사회적 가치 창출은 기업이 경제적 이익을 달성할 뿐만 아니라 사회 전체에 긍정적인 영향을 미치도록 하는 기반이 된다.

예를 들어 AI와 블록체인의 결합은 기업의 투명성을 극대화하는 데 중요한 역할을 한다. 블록체인은 데이터를 여러 곳에 나누어 저장해 조작이 어렵고 투명한 관리가 가능하다. 예를 들어 AI가 블록체인에 기록된 제품의 생산과 유통 과정을 실시간으로 분석해 품질과 공정 거래 여부를 확인할 수 있다. 이를 통해 기업은 제품의 출처와 거래 과정을 투명하게 관리하고, 이해관계자들에게 신뢰할 만한 정보를 제공할 수 있다.

이러한 AI의 활용은 기업의 ESG 리스크를 조기에 감지하고, 규제 준수를 모니터링하는 데도 중요한 역할을 한다. AI는 공급망에서 발생할 수 있는 인권 침해나 환경 관련 문제를 사전에 발견하고 대응할 수 있도록 도와준다. 이는 기업이 사회적 책임을 다하며, 규제 당국과 이해관계자들로부터 신뢰를 얻는 데 필수적인 요소로 작용할 수 있다.

결국 AI와 ESG의 결합은 기업이 지속 가능한 발전을 이루고 장기적인 성공을 도모하는 데 필수적인 전략적 도구로 자리 잡고 있다. 기업이 AI 기술을 책임감 있게 활용하고 ESG 원칙을 경영의 중심에 둘 때, 우리는 더 나은 사회와 환경을 만들어 갈 수 있다. 지속 가능성을 위한 AI와 ESG의 실천 전략은 기업 경영의 미래를 더욱 밝고 지속 가능하게 만들어 줄 것이다.

거버넌스 측면에서는 AI가 투명성과 책임성을 강화하는 데 기여할 수 있다. AI를 활용한 자동화된 보고 시스템은 기업의 의사 결정 과정에서 투명성을 높이고, 이를 통해 주주와 이해관계자들에게 신뢰를 제공할 수 있다. 또한 AI는 리스크 관리와 규제 준수 측면에서 기업이 더욱 효율적으로 대응할 수 있도록 지원한다.

AI와 ESG의 결합은 기업의 리스크 관리와 규제 준수 측면에서도 중요한 의미를 가진다. 현대 기업은 다양한 환경적, 사회적, 그리고 거버넌스 관련 리스크에 직면해 있다. ESG 요소를 고려하지 않는 기업은 이러한 리스크에 더 크게 노출될 수 있으며, 이는 장기적인 성과에 부정적인 영향을 미칠 수 있다. AI는 이러한 리스크를 사전에 예측하고 관리하는 데에 중요한 역할을 할 수 있다. AI에 기반한 분석과 예측 시스템은 기업이 잠재적인 리스크를 식별하고 이에 사전에 대응할 수 있는 전략을 마련하는 데 도움을 준다. 또한 AI는 규제 준수에 필요한 데이터를 효과적으로 관리하고 보고할 수 있도록 지원함으로써, 기업이 복잡한 규제를 준수하는 데에 큰 이점이 될 수 있다.

그러므로 AI와 ESG의 결합은 현대 기업 경영에서 필수적인 요소로 자리 잡았으며, 지속 가능한 미래를 구축하는 과정에서 강력한 시너지 효과를 발휘할 수 있다. 기업은 ESG 원칙을 준수함으로써 사회적 책임을 다하고, AI 기술을 활용해 이를 실현하는 데 필요한 전략적 도구를 확보할 수 있다. 이러한 ESG와 AI의 융합은 기업이 지속 가능한 성장을 달성하는 데 중요한 경쟁 우위로 작용할 것이다. 지속 가능한 미래를 향한 이 여정에서, ESG와 AI는 필수적인 동반자로서 그 중요성을 더욱 높여 가고 있다.

현대 사회에서 인공지능(AI)과 ESG 두 요소는 기업뿐만 아니라 사회 전반에 걸쳐 지속 가능한 미래를 구축하는 데 필수적인 도구와 지침을 제공한다. 이 책에서는 일반 대중에게도 'AI와 ESG 리더십'의 결합이 왜 중요한지, 그리고 왜 이를 이해하고 지지해야 하는지 살펴보고자 한다.

먼저 AI는 우리가 매일 접하는 기술 중 하나로, 우리의 삶을 더욱 편리하게 만드는 역할을 하고 있다. AI는 스마트폰의 음성 인식 기능에서부터 온라인 쇼핑의 맞춤형 추천 시스템에 이르기까지 다양한 분야에서 활용되고 있다.

그러나 AI는 단순히 우리의 생활을 편리하게 만드는 것에 그치지 않고, 기업이 더 나은 결정을 내리고 사회적 문제를 해결하는 데 중요한 도구로 자리 잡고 있다. 예를 들어 AI는 방대한 양의 데이터를 분석해 기후 변화의 패턴을 파악하거나, 더 효율적인 에너지 사용 방법을 제안하는 등 환경 보호에 큰 기여를 할 수 있다. 이처럼 AI는 우리 사회가 지속 가능한 발전을 이루는 데 필수적인 기술로, 그 중요성이 점점 더 커지고 있는 추세다.

다음으로, ESG는 기업이 경제적 성과를 넘어 사회적 책임을 다하고, 환경을 보호하며, 투명한 경영을 실현하는 데 필요한 지침이 될 수 있다. 지금은 ESG가 기업의 장기적 성공과 지속 가능성을 평가하는 중요한 기준으로 자리 잡았다. 예를 들어 환경 보호를 위해 에너지 효율성을 높이고, 사회적 책임을 다하기 위해 지역 사회에 기여하며, 투명한 거버넌스를 실현함으로써 신뢰를 구축하는 기업은 장기적으로 더 큰 성공을 거둘 가능성이 높다. 이러한 ESG의 중요성이 단지 기업의 문제만이 아니라 우리 모두가 살고 있는 사회의 지속 가능성과도 직결된 문제라는 점에 주목할 필요가 있다.

그래서 AI와 ESG 리더십이 결합하면, 이는 단순한 시너지를 넘어 우리 사회의 큰 변화를 끌어낼 수 있다. AI를 통해 ESG 목표를 달성하는 데 필요한 데이터를 분석하고 더욱 효과적인 전략을 수립할 수 있다. 예를 들어 AI는 기업이 탄소 배출을 줄이기 위해 필요한 조치를 제안하거나, 공급망의 투명성을 높여 윤리적인 경영을 실현하는 데 도움을 줄 수 있다. 이는 기업이 사회적 책임을 다하는 동시에 경제적 이익을 추구할 수 있도록 하는 중요한 요소에 해당한다.

더 나아가, 일반 대중도 AI와 ESG 리더십의 중요성을 이해해야 한다. 소비자와 시민으로서 우리가 내리는 선택이 기업의 행동에 직접적인 영향을 미치기 때문이다. 우리가 환경을 보호하는 제품을 선택하거나 사회적 책임을 다하는 기업을 지지하면, 이는 더 많은 기업이 ESG와 AI를 결합해 지속 가능한 경영을 추구하도록 유도할 수 있다. 결국 우리의 '올바른' 선택이 미래를 바꾸는 데 중요한 역할을 하게 될 것이다.

결론적으로, AI와 ESG 리더십은 지속 가능한 미래를 구축하는 데 필수적인 요소다. 이는 단지 기업의 성공을 위한 전략일 뿐만 아니라 우리 사회 전체의 지속 가능성과 연결된 문제로, AI와 ESG의 중요성을 이해하고 이를 지지하는 것은 우리 모두가 더 나은 미래를 만들어 가는 데 기여하는 방법 중 하나가 될 수 있다. 앞으로의 세상에서는 이러한 리더십이 더욱 중요해질 것이며, 이는 우리가 마주할 도전 과제를 해결하고, 지속 가능한 사회를 구축하는 데 핵심적인 역할을 할 것이다.

이 책에서는 AI와 ESG의 결합이 어떻게 기업의 지속 가능성을 강화하고, 사회적 책임을 실천하며, 더 나은 미래를 만들어 갈 수 있는지에 대한 전략과 사례를 제시하고 있다. AI는 환경 보호와 자원 관리, 사회적 책임 실천, 그리고 운영의 투명성을 강화하는 데서 중요한 역할을 할 것이다. 예를 들어 AI는 탄소 배출량, 에너지 소비, 폐기물 관리 등 환경적 지표를 정밀하게 모니터링하고 개선할 수 있도록 돕는다. 또한 블록체인과 결합한 AI 기술은 기업의 거래와 운영 과정에서 투명성을 보장하고 신뢰성을 극대화할 수 있다.

이 책의 10개의 소주제는 AI와 ESG가 왜 중요한지, 그리고 이 둘이 어떻게 현대 기업 경영의 필수 요소로 자리 잡았는지를 폭넓게 이해할 수 있도록 구성했다.

첫째('AI와 ESG')와 둘째 주제('AI와 ESG의 관계')에서는 AI와 ESG의 개념과 이들의 관계를 다룬다. 이를 통해 독자들의 기본적인 이해를 돕고, AI와 ESG가 어떻게 상호작용하며 시너지를 발휘하는지 설명한다.

AI와 ESG는 각각의 개념이 복잡하고 방대하기 때문에, 이 두 가지가 어떻게 상호작용하는지 이해하는 것은 매우 중요하다. 첫째와 둘째 주제는 이러한 기본 개념을 소개하고, AI와 ESG가 어떻게 현대 기업 경영에 적용되고 있는지를 살펴보았다. 독자들은 이 주제를 통해 AI와 ESG가 개별적으로 어떤 역할을 하는지, 그리고 이 둘이 결합할 때 어떠한 시너지를 발휘하는지를 알 수 있다. 더 나아가 이 주제를 선정한 이유는 독자들이 AI와 ESG의 상호작용을 이해해야만 이후의 세부적인 논의에 대한 이해가 가능해지기 때문이다. AI가 ESG의 어떤 측면을 지원하고 강화하는지, 그리고 ESG가 AI의 책임 있는 사용을 어떻게 촉진하는지를 명확히 하는 것이 핵심이기 때문이다.

셋째 'AI 기술의 발전과 적용 사례' 주제는 AI 기술의 발전과 적용 사례를 다루며, 실제로 AI가 다양한 산업에서 ESG 목표 달성에 어떻게 기여하고 있는지를 구체적으로 보여 준다.

AI 기술이 어떻게 발전해 왔고, 이 기술이 다양한 산업에서 ESG 목표 달성에 어떻게 기여하고 있는지를 구체적인 사례를 통해 살펴본다. AI의 발전은 우리가 ESG 목표를 더 효과적으로 달성할 수 있도록 새로운 도구와 방법을 제공한다. 예를 들어 AI는 탄소 배출을 줄이기 위한 에너지 효율화, 공급망 투명성을 위한 블록체인 결합, 그리고 기업의 사회적 책임 실현을 위한 다양한 애플리케이션에서 중요한 역할을 하고 있다. 이 주제는 독자들에게 AI가 단순한 기술적 도구로 쓰이는 것이 아니라 ESG 목표를 실현하는 데 실질적인 기여를 하고 있다는 점을 보여 준다. AI의 실제 적용 사례를 통해 독자들이 이 기술이 ESG 목표 달성에 어떻게 활용될 수 있는지 구체적으로 이해할 수 있도록 했다.

넷째 주제('ESG는 왜 주목받고 있는가')는 ESG가 현대 기업 경영에서 주목받고 있는 배경과 이유를 설명한다. 이를 통해 ESG가 기업의 장기적인 성공을 위해 필수적인 요소로 자리 잡고 있음을 강조한다.

즉 ESG가 현대 기업 경영에서 왜 중요한지, 그리고 왜 주목받고 있는지에 대해 살펴본다. 이로써 ESG가 기업의 장기적인 성공을 위해 필수적인 요소로 자리 잡고 있음을 강조하며, 기업이 경제적 이익뿐만 아니라 환경 보호와 사회적 책임을 다해야 하는 시대적 요구에 부응할 수 있는 방법에 대해서도 알아본다. 다시 말해서 ESG는 단순한 트렌드가 아니라 기업의 지속 가능성과 사회적 신뢰를 확보하기 위한 필수적인 경영 전략이라는 점을 독자들이 명확히 이해할 수 있도록 구성했다.

다섯째('AI와 환경 보호: 그 가능성과 도전')와 여섯째 주제('AI와 사회적 책임: 기회와 도전')에서는 AI가 환경 보호와 사회적 책임 실현에 어떻게 이바지할 수 있는지, 그 가능성과 도전을 살펴본다. AI가 ESG 목표를 달성하기 위한 중요한 도구로 어떻게 활용될 수 있는지를 구체적으로 제시한다.

예를 들어 AI는 탄소 배출량 모니터링, 에너지 소비 최적화, 폐기물 관리 등의 분야에서 환경적 지표를 개선하는 데 중요한 역할을 한다. 또한 기업이 사회적 책임을 실현하기 위해 필요한 데이터를 제공하고, 윤리적인 의사 결정을 지원한다. 이 주제를 선정한 이유는 AI가 ESG 목표를 달성하는 데에 구체적으로 어떻게 활용될 수 있는지를 독자들에게 명확히 제시하고, 그 가능성과 도전을 함께 살펴보는 것이 중요하기 때문이다.

일곱째 주제('AI 윤리와 ESG')는 AI 윤리와 ESG의 관계를 탐구하며, AI 기술이 사회에 긍정적인 영향을 미치기 위해 반드시 준수해야 할 윤리적 원칙을 다룬다.

AI 기술이 점점 더 많은 분야에 적용되면서, 그 윤리적 측면은 매우 중요한 이슈로 떠오르고 있다. AI가 사회에 긍정적인 영향을 미치기 위해서는 윤리적 원칙이 반드시 준수되어야 하며, 이러한 윤리적 접근은 ESG의 중요한 구성 요소다. 이를 통해 우리가 AI를 책임감 있게 사용하고 ESG 목표를 달성하기 위해 윤리적 리더십이 어떻게 중요한 역할을 할 수 있는지 생각해 볼 수 있다.

여덟째 주제('AI와 윤리적 리더십')에서는 AI와 윤리적 리더십의 중요성을 강조하며, 윤리적 리더십이 AI를 책임감 있게 사용하고 ESG 목표를 달성하는 데 어떻게 기여할 수 있는지를 설명한다.

윤리적 리더십은 AI 기술을 책임감 있게 사용하고 기업이 ESG 목표를 달성하는 데 중요한 역할을 한다. 윤리적 리더는 AI를 활용한 의사 결정 과정에서 ESG 원칙을 준수하고, 나아가 기업이 사회적 책임을 다하도록 지도할 수 있다. 즉 이 주제를 통해 AI가 강력한 도구인 동시에 그 활용이 윤리적 관점에서 매우 중요한 문제라는 점을 확인할 수 있다. 이를 통해 독자들은 윤리적 리더십이 AI와 ESG 결합의 성공에 필수적이라는 점을 알 수 있다.

아홉째 주제('ESG와 리더십 사례')는 성공적인 ESG 리더십의 사례를 소개하며, 실제로 기업들이 ESG 원칙을 경영 전략에 어떻게 통합하고 실천해 나가고 있는지를 살펴본다.

이러한 사례들은 AI와 ESG의 결합이 실제로 어떤 성과를 이끌어 낼 수 있는지를 보여 주는 중요한 지표다. 이를 통해 독자들은 이론적 논의뿐만 아니라 실제로 성공적인 ESG와 AI 리더십이 어떻게 구현될 수 있는지를 이해할 수 있다. 또한 다른 기업들의 성공 사례를 바탕으로 우리 주변에서 ESG를 적용하는 전략에 대해 생각해 볼 수 있다.

마지막 열째 주제에서는 AI와 ESG 리더십의 미래를 전망하며, 향후 기업들이 지속 가능성을 강화하고 장기적인 성공을 도모하기 위해 어떤 전략을 취해야 하는지를 제시한다.

AI와 ESG의 결합은 아직 발전 중인 분야이며, 앞으로도 기술의 진보와 함께 새로운 가능성이 열릴 수 있다. 이 주제에서는 향후 기업들이 지속 가능성을 강화하고 장기적인 성공을 도모하기 위해 어떤 전략을 취해야 하는지를 제시한다. 이 주제를 선정한 이유는 독자들이 AI와 ESG의 결합이 앞으로도 계속해서 기업 경영에서 중요한 역할을 할 것이라는 점을 이해하고, 이를 통해 미래의 변화에 대비할 수 있도록 돕기 위함이다.

이 책에서 다루는 10개의 주제는 AI와 ESG의 결합이 현대 기업 경영에 미치는 영향을 폭넓게 이해할 수 있도록 설계되었다. 각 주제는 독자들에게 기본적인 개념 이해부터 실질적인 사례 분석, 그리고 미래 전망에 이르기까지 체계적으로 구성되어 있다. 이를 통해 독자들은 AI와 ESG가 결합함으로써 어떻게 기업과 사회에 긍정적인 변화를 일으킬 수 있는지를 명확하게 이해하고, 이러한 변화를 끌어내기 위한 구체적인 전략과 사례들을 살펴볼 수 있을 것이다.

그러므로 이 책은 AI와 ESG에 대한 깊이 있는 이해를 제공해 독자들이 지속 가능한 미래를 위해 어떤 역할을 할 수 있는지를 깨닫게 하는 중요한 가이드가 될 것이다.

01
AI와 ESG

로봇의 어원과 발전, 러다이트 운동, AI의 기원과 발전 과정을 설명하며, AI와 ESG(환경, 사회, 거버넌스)의 연관성을 살펴보았다. AI는 사회적 책임, 환경 보호, 윤리적 경영을 실천하는 도구로 활용되며, 단순한 기업의 이익 추구를 넘어 사회와 환경에 긍정적인 영향을 미치고 있다. 아울러 AI는 ESG 목표를 달성하는 데 중요한 역할을 하며, 기업의 지속 가능성과 책임 경영을 강화할 수 있다.

로봇에서 인공지능까지

로봇(Robot)의 어원은 체코어 '로보타(Robota)'다. '로보타'는 '노동' 또는 '강제 노동'을 의미한다. 이 단어는 체코의 작가 카렐 차페크(Karel Čapek)의 1920년 희곡 『로숨의 유니버설 로봇(R.U.R., Rossum's Universal Robots)』에서 처음 사용되었다(카렐 차페크, 2015).

차페크의 작품에서 로봇은 인간의 일을 대신하는 인공 생명체로 등장하며, 이 개념이 현대 로봇의 기초가 되었다.

『로숨의 유니버설 로봇』은 인공 생명체 로봇을 제조하는 공장에서 벌어지는 이야기를 다룬다. 공장은 로봇을 생산해 전 세계에 공급하고, 인간의 노동을 대체한다. 그러나 로봇들은 점차 인간처럼 자의식을 갖게 되고, 인간의 억압에 저항한다. 결국 로봇들은 반란을 일으켜 인간을 멸종시키고 자신의 운명을 개척하기 시작한다. 작가는 이 작품을 통해 기술의 발전과 그에 따른 윤리적 문제를 깊이 있게 탐구하는 계기를 제공한다.

로봇은 주로 물리적 작업을 수행하기 위해 설계된 기계 장치로 센서, 구동 장치, 제어 시스템으로 구성되어 있으며, 정해진 작업을 자동으로 수행할 수 있다. 로봇은 산업, 의료, 가정 등 다양한 분야에서 사용된다.

러다이트 운동(Luddite Movement)은 18세기 중엽 영국에서 산업혁명이 일어나고 인간의 일을 기계가 대신하게 되면서 실업 문제와 함께 노동 조건이 열악해지고 임금이 하락하자 노동자들이 일으킨 기계 파괴 운동이다. 당시 방직 기계 등의 도입으로 직물을 수작업으로 생산하던 노동자들이 일자리를 잃자, 이들은 기계를 파괴하며 저항했다.

러다이트 운동의 어원은 "네드 러드(Ned Ludd)"라는 인물에서 비롯되었다. 전설에 따르면, 1779년에 영국의 방직공 네드 러드가 자신의 작업장에 있는 기계를 파괴한 사건이 있었는데, 이후 기계 파괴 운동에 참여하는 사람들을 "러다이트(Luddites)"라고 부르게 된 것이다.

인공지능(Artificial Intelligence, AI)은 컴퓨터가 인간처럼 생각하고 학습할 수 있도록 하는 기술이다. 인공지능이라는 말은 1956년 다트머스 회의(Dartmouth Conference)에서 처음 공식적으로 사용되었는데, 이 용어는 미국의 컴퓨터 과학자인 존 매카시(John McCarthy)가 제안한 것으로, 인간의 지능을 모방하거나 인간처럼 생각하고 학습할 수 있는 컴퓨터 시스템을 의미한다. "Artificial"은 '인공적인' 또는 '인위적인'을 뜻하며, "Intelligence"는 '지능'을 의미한다. 이 두 단어가 합쳐져서 인공지능이라는 개념이 탄생했으며, 이는 AI 연구의 출발점이 되었다.

인공지능에서 ESG까지

AI의 역사는 1950년대 초반으로 거슬러 올라간다. AI의 개념은 처음에는 철학자와 과학자들에 의해 논의되었지만, 컴퓨터 과학의 발전으로 실제 구현이 가능해졌다. 영국의 수학자이자 컴퓨터 과학자인 앨런 튜링(Alan Turing)은 "컴퓨터 기계와 지능"이라는 논문을 통해 튜링 테스트(Turing Test)를 제안했다. 튜링 테스트는 기계가 인간처럼 지능적으로 행동할 수 있는지를 평가하는 방법으로, 이후 AI 연구의 기초가 되었다.

튜링 테스트로 시작된 AI는, 1956년 다트머스 회의에서 공식적으로 연구가 시작되었고, 오늘날에는 컴퓨터 과학, 데이터 과학, 신경과학 등 다양한 분야의 융합으로 발전하고 있다. 우리의 일상생활에서는 자율주행차, 음성 인식, 이미지 인식, 의료 진단 등 다양한 형태로 활용되고 있다.

SEE는 사회(Social), 환경(Environmental), 윤리(Ethical)로 구성된 개념으로, 기업이 사회적 책임을 다하고 환경을 보호하며 윤리적으로 경영해야 한다는 것을 강조한다. 이는 기업의 운영이 단순한 이익 추구를 넘어서 사회와 환경에 긍정적인 영향을 미치는 것을 목표로 해야 함을 뜻한다.

ESG는 환경(Environmental), 사회(Social), 거버넌스(Governance)로, SEE에 비해 더 포괄적이고 구체적인 측면을 다룬다. 특히 거버넌스를 포함함으로써 기업의 투명성과 책임 경영을 강조한다.

거버넌스라는 단어는 라틴어 "gubernare"에서 유래했으며, 이는 '조종하다' 또는 '통치하다'라는 의미다. 거버넌스는 조직이나 국가를 운영하고 관리하는 시스템과 프로세스를 포함하는 넓은 개념이다. 그런데 거버넌스의 번역어로 "지배구조"라는 말을 선택하기도 하는데, 여기서 문제점은 '지배'라는 단어가 억압 또는 통제 등의 부정적인 뉘앙스를 포함하고 있어, 거버넌스의 긍정적이고 포괄적인 의미를 충분히 전달하지 못한다는 점이다. 또한 거버넌스는 투명성, 책임성, 공정성을 포함하는 넓은 개념인데, "지배구조"는 단순히 권력 구조나 통제 메커니즘에 초점을 맞추어 제한적으로 해석될 수 있다. 더 나아가 "지배"라는 단어가 주는 강압적이고 권위적인 느낌 때문에 거버넌스의 협력적이고 참여적인 의미를 왜곡할 수 있다.

그러므로 "지배구조"라는 번역은 거버넌스의 넓고 긍정적인 의미를 충분히 반영하지 못할 수 있어, 더 적절한 대안이 필요하다.

참고문헌

김성희 · 방준석(2022). 'ESG 경영전략 실천을 위한 인공지능 기술 활용, "정보와 통신"(제39권 제7호).

러다이트 운동
https://digitalchosun.dizzo.com/site/data/html_dir/2016/06/29/2016062913070.html

카렐 차페크 지음, 김희숙 옮김(2015), 『로봇 : 로숨의 유니버설 로봇』, 모비딕.

02
AI와 ESG의 관계

AI는 ESG 목표를 달성하는 데 중요한 도구로 작용하며, 기업의 지속 가능성과 책임 경영을 강화하고 있다. AI는 환경 보호, 사회적 책임 이행, 투명한 지배구조 구축에 기여하며, 데이터 분석을 통해 효율성을 높이고 규제 준수를 지원한다. 또한 ESG는 AI가 윤리적이고 지속 가능한 방식으로 사용되도록 지침을 제공하며, AI와 ESG의 협력은 기업의 장기적 성장과 경쟁력 확보에 중요한 역할을 한다.

AI의 개념적 진화와 ESG의 등장

AI와 ESG는 각각의 발전과 도입 배경을 통해 현대 사회에서 중요한 역할을 하고 있다. AI는 기술 혁신과 효율성 향상에 이바지하며, ESG는 지속 가능한 발전과 책임 경영을 촉진한다. 이 두 개념이 서로 협력할 때, 기업과 사회의 긍정적인 변화를 끌어낼 수 있다.

AI는 인간의 지능적인 작업을 컴퓨터가 수행할 수 있도록 하는 기술로, 다양한 데이터 분석 기법과 기계 학습 알고리즘을 통해 방대한 데이터를 처리하고 패턴을 인식하며, 이를 바탕으로 예측과 의사 결정을 자동화한다. 이러한 능력은 여러 산업 분야에서 기술 혁신을 끌어낼 수 있다.

AI의 핵심 기술은 기계 학습(Machine Learning)과 딥러닝(Deep Learning)이다. AI는 방대한 데이터를 학습해 예측 모델을 생성하는데, 예를 들어 의료 분야에서는 질병 예측과 진단에 활용된다. 또한 자연어 처리(Natural Language Processing, NLP) 기술은 AI가 인간의 언어를 이해하고 생성해 고객 서비스 효율성을 높이는 데 활용되고, 컴퓨터 비전 기술은 이미지와 영상을 분석해 자율주행차의 안전한 주행을 지원한다. 기업 운영에서 AI는 반복 작업 자동화, 예측 분석, 의사 결정 지원을 통해 운영 효율성을 크게 향상시킬 수 있다.

래리 핑크(Larry Fink)는 세계 최대 자산운용사인 블랙록(BlackRock)의 CEO로, ESG 개념의 확산에 중요한 역할을 했다. 핑크는 매년 투자자들에게 보내는 연례 서한에서 지속 가능한 경영의 중요성을 강조했다.

2018년 서한에서 핑크는 기업들이 사회적 목적을 추구해야 하며, 장기적인 가치 창출을 위해 환경, 사회, 거버넌스(ESG) 요소를 고려해야 한다고 강조했다. 이는 기업이 단기 이익보다 장기적인 지속 가능성을 중시해야 한다는 메시지였다. 2020년 서한에서는 기후 변화가 기업의 장기적인 생존에 큰 영향을 미칠 것이라며, 지속 가능성을 투자 결정의 핵심 요소로 삼을 것을 촉구했다(Fink, 2020).

AI와 ESG는 상호 보완적인 관계를 이루어 기업의 지속 가능성과 책임 경영을 강화할 수 있다. AI는 ESG 목표를 달성하는 데 필요한 기술적 도구를 제공하고, ESG는 AI가 윤리적이고 지속 가능한 방식으로 사용되도록 지침을 제시한다. 이를 통해 기업은 장기적인 가치 창출과 긍정적인 사회적 영향을 동시에 실현할 수 있다.

AI와 ESG의 상호 보완적 협력

AI는 환경적, 사회적, 거버넌스 측면에서 기업이 책임을 효과적으로 이행할 수 있도록 돕는 강력한 도구가 될 수 있다. AI 기술의 발전은 기업이 지속 가능한 경영을 실현하고, 사회적 책임을 다하며, 투명하고 책임 있는 거버넌스를 구축하는 데 기여할 수 있다.

AI 기술은 환경 보호와 지속 가능성을 촉진하는 데 큰 역할을 할 수 있다. 예를 들어 AI는 에너지 소비를 최적화하고, 기후 모델링을 통해 기후 변화를 예측하며, 자원 사용을 효율적으로 관리하는 데 활용된다. 기업들이 환경적 책임을 다하기 위해 AI를 활용함으로써 지속 가능한 경영을 더 효과적으로 실현할 수 있다.

기업의 사회적 책임(Corporate Social Responsibility, CSR) 이행도 AI가 여러 방면에서 지원할 수 있다. AI는 소비자 행동 분석, 지역 사회의 요구 사항 이해, 노동자들의 만족도 및 안전을 모니터링하는 데 사용될 수 있다. 이로 인해 기업은 더 투명하고 책임 있는 사회적 행동을 취할 수 있다.

AI는 기업 지배구조의 투명성을 높이는 데에도 이바지할 수 있다. AI 기반 분석 도구는 재무 데이터의 비정상적인 패턴을 탐지하고, 부정 행위를 조기에 경고해 기업의 부패를 예방할 수 있다. 이를 통해 더 투명한 거버넌스를 구축하는 데 도움이 된다.

AI와 ESG의 협력은 기업의 지속 가능한 성장과 책임 있는 경영을 지원하는 강력한 도구가 될 수 있다. AI 기술은 환경적 영향을 줄이고, 사회적 책임을 다하며, 투명한 지배구조를 구축하는 데 이바지할 수 있다. 이를 통해 기업은 ESG 목표를 효과적으로 달성하고, 장기적인 경쟁력을 확보할 수 있다.

AI는 환경적 지속 가능성을 증진하는 데 중요한 역할을 한다. 환경 데이터를 수집하고 분석하는 AI 기술은 온실가스 배출량, 에너지 소비, 자원 사용 등을 모니터링하고 최적화하는 데 사용된다.

AI 기술이 환경 규제를 준수하는 데 도움을 줄 뿐만 아니라, 환경 정책은 AI 기술의 활용 범위를 확대하는 방향으로 작용한다. AI 기반 환경 모니터링 시스템은 정부와 기업의 환경 규제 요구를 실시간으로 반영해 규제 준수 여부를 평가하고 필요한 조치를 제안할 수 있다. 또한 AI의 발전은 ESG의 환경적 목표 달성을 가속화하며, ESG의 환경 정책은 AI의 활용을 확대해 지속 가능한 발전을 지원한다.

AI는 사회적 책임을 다하기 위한 다양한 도구로 활용

된다. 사회적 요구 분석과 커뮤니티 지원 분야에서 AI는 데이터를 분석해 지역 사회의 필요를 파악하고, 맞춤형 지원 프로그램을 개발할 수 있다.

AI는 사회적 책임을 실현하는 데 이바지하며, ESG의 사회적 요구는 AI 기술의 윤리적이고 책임 있는 활용을 촉진한다.

AI는 기업의 지배구조를 투명하게 유지하는 데 중요한 역할을 할 수 있다. AI 기반의 재무 분석과 자동화된 감사 시스템은 기업의 재무 데이터를 실시간으로 분석하고, 부정 행위나 비정상적인 거래의 탐지를 통해 기업의 윤리적 경영과 투명성을 강화하는 데 이바지한다. 또한 AI를 기반으로 한 주주 소통 시스템은 투자자들에게 실시간 정보를 제공하고, 기업의 성과를 분석해 신뢰를 구축할 수 있다. AI 기술은 기업의 지배구조를 개선하고 투명성과 책임성을 강화하는 방향으로 적용될 수 있다.

참고문헌

강찬수(2024.1.7). [강찬수의 에코인사이드] 래리 핑크의 10년치 '서한' 메시지는... "E.S.G에 균형을", ESG 경제, https://www.esgeconomy.com/news/articleView.html?idxno=5563

김상태(2022). 『ESG 트렌드』, 안드레의바다.

SK Telecom(2021). [스토리로 보는 ESG] EP. 01 'ESG 개념의 탄생'
https://www.youtube.com/watch?v=GdskDk6-1VI
Fink, L.(2020). Larry Fink's 2020 Letter to CEOs, BlackRock, https://www.blackrock.com/corporate/investor-relations/2020-larry-fink-ceo-letter

03
AI 기술의 발전과 적용 사례

AI는 산업과 일상생활에서 혁신을 이끌며, 효율성과 생산성을 높이는 동시에 일자리 감소, 편향성 문제 등 새로운 도전과 과제를 안겨 주고 있다. AI의 올바른 활용을 위해서는 재교육, 사회적 안전망, 알고리즘의 공정성 검토 등이 필요하다. AI는 우리의 생활을 더욱 편리하게 하지만, 지속적인 혁신과 함께 윤리적 관리가 중요하다. AI는 앞으로도 우리의 일상에 깊이 자리 잡을 것이다.

AI 기술의 발전

AI 기술의 발전은 역사적 배경, 어원적 의미, 사회적 영향, 기술적 진보 등 여러 측면에서 이루어지고 있다(이중원 외, 2018; 2019; 2021).

AI 기술의 발전을 살펴보면, 1950년대에 앨런 튜링이 기계가 인간과 같은 지능을 가질 수 있는지를 제안하는 튜링 테스트를 제시했다. 이 시기의 연구는 주로 이론적이었으며, 컴퓨터와 인공지능의 기초를 다지는 계기가 되었다. 1956년에 다트머스 회의에서 '인공지능'이라는 용어가 처음 사용되었고 이 회의는 AI 연구의 시작점이 되었다(안재현, 2020).

1970~1980년대는 AI 겨울이라 불리는 시기로, AI 기술을 통해 기계가 인간과 같은 지능을 가질 것이라는 초기 연구자들의 기대에 미치지 못하고 연구 자금과 관심이 감소했다. 1990년대 이후에 딥러닝과 컴퓨팅 파워의 발전, 그리고 대량 데이터의 수집 가능성으로 AI 연구가 재조명되었는데, 특히 IBM의 딥블루가 1997년에 체스 챔피언 가리 카스파로프를 이긴 사건은 AI의 상업적 성공으로 꼽힌다.

무엇보다도 2014년 구글 딥마인드(DeepMind)의 알파고(AlphaGo)가 바둑에서 세계 챔피언 이세돌을 이긴 사건은 AI의 전략적 사고와 학습 능력을 입증했다. 알파고는 강화 학습을 통해 복잡한 게임 환경에서 뛰어난 성과를 거두었으며, 이는 AI의 가능성을 새로운 차원으로 끌어올리는 계기가 되었다.

2010년대 중반 이후 AI는 일상생활과 산업 전반에 걸쳐 광범위하게 응용되고 있다. 애플의 시리(Siri), 구글 어시스턴트(Google Assistant)와 같은 스마트폰의 음성 비서는 사용자와의 자연어 상호작용을 통해 편리함을 제공하고 있으며, 넷플릭스(Netflix)나 아마존(Amazon), 유튜브(YouTube)는 추천 시스템을 통해 개인 맞춤형 콘텐츠를 제공해 사용자 경험을 개선하고 있다.

또한 자율주행차와 스마트 팩토리 같은 산업 응용은 AI 기술의 실질적인 성과를 보여 주고 있다. 테슬라(Tesla)는 자율주행차 기술을 개발해 차량의 자율적 주행을 가능하게 하고 있으며, 스마트 팩토리는 AI를 통해 제조 공정을 자동화하고 효율성을 높이고 있다.

이처럼 AI 기술의 발전은 산업과 일상생활에서 혁신을 주도하며, 동시에 사회적, 윤리적 책임을 동반한다. 그래서 AI 기술의 올바른 활용과 지속적인 발전은 미래 사회의 중요한 과제가 될 것이다.

AI 기술의 발전은 사회적, 윤리적 측면에서 복잡한 관계를 형성하고 있다. AI 기술의 진보는 많은 이점을 가져오지만, 동시에 새로운 도전과 문제를 동반한다.

AI의 자동화 기술은 생산성과 효율성을 높이는 데 이바지하지만, 동시에 기존 일자리의 감소와 새로운 직업의 창출이라는 이중적 영향을 미친다. 특히 반복적이고 단순한 작업을 수행하는 직종은 자동화로 인해 일자리가 줄어들 위험에 처할 수 있다.

또한 일자리 감소로 인해 사회적 불평등과 경제적 불안정성이 발생할 수 있다. 이러한 문제를 해결하기 위해서는 재교육과 사회적 안전망이 필요하다. 정부와 기업은 직업 재훈련 프로그램과 사회적 지원 정책을 통해 노동 시장의 변화를 관리할 필요가 있다.

AI 시스템이 학습하는 데이터에 내재된 편향이 자동화된 결정에도 영향을 미쳐, 특정 그룹에 대한 차별이나 불공정한 결과를 초래할 수 있다. 예를 들어 자율주행차는 AI 기반 센서와 카메라를 사용해 도로 상황을 인식하고 주행 결정을 내린다. 그러나 이러한 시스템이 다양한 도로 환경이나 도로 사용자에 대한 데이터를 갖고 있지 못할 경우, 특정 유형의 도로 상황이나 교통 패턴을 정확히 인식하지 못할 수 있다.

그러므로 AI 시스템의 공정성을 보장하기 위해 알고

리즘의 편향성을 검토하고 수정하는 것이 필요하며, 데이터의 다양성을 확보하고, AI 윤리 기준을 개발해 공정한 결정을 내리도록 해야 한다.

일상 속의 AI

AI가 인간의 역할을 대체하면서 인간과 기계의 관계가 변화하고 있다. AI의 인간화는 감정적 의존을 초래할 수 있으며, 기계와의 감정적 연대감이 인간의 감정적 웰빙에 미치는 영향을 고려해야 한다. AI의 행동과 반응에 대한 윤리적 기준을 설정하고, 인간의 감정적 복지를 보호하는 방향으로 기술을 설계해야 한다.

AI 기술은 일상생활의 다양한 분야에 깊숙이 침투해 우리 생활을 더 편리하고 효율적으로 만들어 주고 있다. 스마트폰의 개인 비서부터 자율주행차, 건강 관리, 스마트 홈 기기, 고객 서비스까지, AI는 우리의 생활을 더욱 스마트하게 변화시키고 있다. 이러한 기술들은 사용자의 편의를 극대화하고, 새로운 서비스와 기회를 창출하며, 사회 전반에 걸쳐 긍정적인 영향을 미치고 있다. AI 기술의 발전과 응용은 앞으로도 우리의 일상에 더욱 깊숙이 자리 잡을 것이며, 지속적인 혁신과 적절한 윤리적 관리가 필요할 것이다.

현대의 스마트폰은 다양한 AI 기술을 활용해 사용자에게 편리함을 제공하고 있다. 음성 인식 기술을 기반으로 하는 개인 비서 서비스, 예를 들어 애플의 시리, 구글 어시스턴트, 아마존의 알렉사 등은 사용자의 음성 명령을 이해하고, 질문에 대한 답변을 제공하거나 특정 작업을 수행하는 능력을 갖추고 있다.

AI 기반 추천 시스템은 온라인 쇼핑이나 스트리밍 서비스에서 널리 사용되고 있다. 넷플릭스, 아마존, 유튜브 등의 플랫폼은 사용자의 취향을 분석해 맞춤형 콘텐츠를 추천한다. 또한 AI 기술은 건강 관리와 웰빙 분야에도 혁신을 가져오고 있다. 웨어러블 기기와 헬스케어 앱은 사용자의 건강 데이터를 실시간으로 모니터링하고 분석한다.

스마트 홈 기기는 AI 기술을 통해 가정의 다양한 장치를 자동화하고 제어한다. 스마트 조명, 스마트 온도 조절기, 스마트 잠금장치 등이 그 예다.

AI 기반의 챗봇과 고객 서비스 시스템은 기업의 고객 지원을 자동화하고 개선하는 데 활용되는데, 웹사이트의 채팅봇이나 고객 서비스 전화 응답 시스템 등이 있다.

참고문헌

안재현(2020). 『XAI 설명 가능한 인공지능, 인공지능을 해부하다』, 위키북스.

이중원 외(2018). 『인공지능의 존재론』, 한울아카데미.

이중원 외(2019). 『인공지능의 윤리학』, 한울아카데미.

이중원 외(2021). 『인공지능 시대의 인간학: 인공지능과 인간의 공존』, 한울아카데미.

04
ESG는 왜 주목받고 있는가?

ESG는 기업의 지속 가능성과 장기적 가치 창출을 촉진하는 중요한 요소로, 투자 유치, 리스크 관리뿐만 아니라 브랜드 이미지 개선에 기여할 수 있다. ESG는 환경적 측면에서 탄소 배출 감소와 에너지 효율 향상, 사회적 측면에서 공정한 노동 조건과 사회적 책임 이행, 거버넌스 측면에서 투명성과 윤리적 경영을 강화를 목표로 한다. 그러나 ESG 실천에는 기술적 도전, 비용, 법적 요구 사항 등 다양한 어려움이 따르며, 이를 극복하는 것이 중요하다.

ESG의 이점

ESG가 주목받는 이유는 지속 가능성과 기업 가치 제고의 두 가지 측면에서 살펴볼 수 있다. ESG는 기업의 환경적, 사회적, 거버넌스 측면에서 지속 가능성을 강화하며, 투자 유치, 리스크 관리, 브랜드 이미지 개선 등의 이점이 있다. 이러한 이유로 ESG는 기업 경영과 투자에서 중요한 요소로 자리 잡고 있으며, 앞으로도 그 중요성은 더욱 커질 가능성이 있다. ESG는 기업이 지속 가능한 성장을 달성할 수 있는 디딤돌이 될 수 있다(조진형, 2024).

환경적 측면에서 ESG가 주목받는 이유는 기업이 환경 보호와 지속 가능성을 고려한 경영을 수행하도록 하기 위해서다. 이는 기업의 탄소 배출 감소, 에너지 효율 향상, 자원 절약 등의 활동을 포함하며, 기후 변화에 대응하는 데 중요한 역할을 한다. 이러한 활동은 기업의 장기적인 생존과 성장을 보장한다.

사회적 측면에서 ESG가 주목받는 이유는 기업이 노동자, 고객, 지역 사회 등 다양한 이해관계자와의 관계를 개선하고, 사회적 책임을 다해야 하기 때문이다. 이는 공정한 노동 조건, 인권 존중, 사회 공헌 활동 등을 포함하며, 사회적 가치를 창출하고 지역 사회와의 신뢰를 구축하는 데 이바지하는 것이다.

거버넌스 측면에서 ESG가 주목받는 이유는 기업의 투명성과 윤리적 경영을 강화하기 위해서다. 이는 이사회 구성의 다양성, 경영 투명성, 부패 방지 등을 포함하며, 기업의 장기적인 안정성과 신뢰성을 높이고 투자자와 관계를 강화할 수 있다.

ESG는 기업의 투자 유치를 용이하게 하고, 자본 비용을 절감하는 데 기여하기 때문에 주목받고 있다. ESG를 중시하는 투자자들은 지속 가능성과 사회적 책임을 다하는 기업에 더 많은 관심을 두고, 이러한 기업에 대한 투자를 선호한다. 이를 통해 기업의 자본 비용을 낮추고, 재무적 안정성을 높이는 데 이바지할 수 있기 때문이다.

ESG는 기업의 리스크 관리를 강화하고, 장기적인 안정성을 높이는 데 이바지할 수 있다. ESG 기준을 준수하는 기업은 환경, 사회, 거버넌스 측면에서 리스크를 체계적으로 관리해 예상치 못한 위험에 대비할 수 있다. 이는 기업의 재무적 안정성을 높이고 지속 가능한 성장을 가능하게 한다.

ESG는 기업의 브랜드 이미지를 개선하고 소비자의 신뢰를 높이는 데 이바지할 수 있다는 점에서도 주목받고 있다. ESG를 중시하는 기업은 환경 보호와 사회적 책임을 다하는 이미지를 구축하며, 이는 소비자들에게 긍정적인 영향을 끼칠 수 있다. 소비자들은 ESG를 준수하는 기업의 제품과 서비스를 선호하며, 이는 기업의 매출 증가와 시장 점유율 확대에 이바지할 수 있다.

ESG의 도전 과제

ESG가 주목받는 주요 이유 중 하나는 투자자들의 요구가 증가하고 있기 때문이다. 많은 투자자는 ESG를 고려한 투자가 장기적인 재무 성과와 안정성을 보장한다고 믿고 있다.

블랙록의 CEO 래리 핑크는 ESG 기준을 중시하는 기업에 대한 투자를 강조하며, 지속 가능성과 사회적 책임이 기업의 장기적인 성공에 중요하다고 언급했다. 이러한 투자자들의 요구는 기업들이 ESG 경영을 채택하도록 압력을 가하고 있다.

각국 정부와 국제기구들은 ESG 관련 규제와 정책을 강화하고 있는데, 이를 통해 기업들이 ESG 기준을 준수하도록 유도하고 있다.

유럽연합(EU)은 기업의 지속 가능성 보고서를 의무화하는 규제를 도입했다. 이를 통해 기업들이 ESG 정보를 투명하게 공개하도록 하며, 기업의 ESG 활동을 촉진하고 있다.

소비자들의 인식 변화 또한 ESG가 주목받는 이유 중 하나다. 많은 소비자는 환경 보호와 사회적 책임을 다하는 기업의 제품과 서비스를 선호하고 있다.

테슬라는 ESG 경영을 통해 전기차와 재생 에너지 사업을 선도하며, 소비자들에게 긍정적인 브랜드 이미지를 구축하고 있다. 이러한 소비자 인식 변화는 기업들이 ESG 활동을 강화하도록 유도하고 있다.

ESG 경영은 기업의 리스크 관리와 기회 창출에 이바지한다. 환경, 사회, 거버넌스 측면에서 리스크를 체계적으로 관리하면 예상치 못한 위험에 대비할 수 있을 뿐만 아니라 새로운 사업 기회를 창출할 수 있어 주목받고 있다.

제너럴 일렉트릭(GE)은 재생 에너지 사업을 확대해 환경적 리스크를 최소화하고, 새로운 시장 기회를 창출하고 있다. 이러한 ESG 활동은 기업의 장기적인 성장과 안정성을 보장한다.

기업들이 환경적 지속 가능성을 달성하기 위해서는 기후 변화에 대응하는 것이 필수적이지만, 이를 실천하는데 많은 도전을 동반한다. 기업은 탄소 배출을 줄이고 재생 에너지를 도입해야 하지만, 이는 상당한 비용과 기술적 도전을 수반한다. 또한 자원 효율성을 높이는 것은 기업의 환경적 지속 가능성을 강화하는 중요한 요소지만, 이를 위해서는 생산 공정의 혁신과 공급망 관리의 개선이 필요하다.

더불어서 기업이 공정한 노동 조건을 보장하기 위해서는 다양한 도전을 극복해야 하는데, 이는 특히 글로벌 공급망을 운영하는 기업에 중요한 과제다.

투명한 경영을 구현하는 것은 기업의 신뢰성을 높이는 중요한 요소지만, 이를 위해서는 정보 공개와 관련된 복잡한 법적 요구 사항을 충족해야 하는 도전 과제가 동반된다.

그리고 부패를 방지하는 것은 기업의 윤리적 경영을 강화하는 중요한 요소지만, 이를 위해서는 전 세계적으로 일관된 정책과 문화를 구축해야 하는 어려움이 수반된다.

참고문헌

김성희 외(2023). ESG 시대의 다문화 교양교육, ≪문화교류와 다문화교육≫, Vol.12, Issue 2, 1-24쪽.

사회적가치연구원(2021). E [in] ESG. https://www.cses.re.kr/files/liveFile/esg-file/2024/03/20240319160037GeEU.pdf

조진형(2024). 『처음 만나는 ESG』, 한빛아카데미.
한국경제신문(2021). 『ESG K-기업 서바이벌 플랜: 개념부터 실무까지』, 한국경제신문사.

05
AI와 환경 보호: 그 가능성과 도전

AI는 환경 보호에 혁신적인 도구로 활용될 수 있지만, 데이터 품질, 비용, 프라이버시, 투명성 부족 등 여러 도전 과제를 동반한다. 고품질 데이터 확보와 비용 문제 해결, 투명한 의사 결정, 명확한 정책과 국제 협력이 필요한 상황이다. 이러한 도전 과제를 극복하면 AI는 기후 변화 대응, 에너지 효율화, 자원 관리 등에서 실질적인 환경 보호 솔루션을 제공할 수 있다. AI의 지속적인 발전과 윤리적 고려가 환경 보호의 성공적인 실행에 필수적이다.

AI와 환경 보호

AI 기술은 환경 보호에 혁신적인 도구로 활용될 수 있는 잠재력을 가지고 있다. 이는 AI가 데이터 분석 능력, 예측력, 자동화 및 최적화 기능 등 다양한 측면에서 환경 보호에 이바지할 수 있기 때문이다(홍상범, 2024).

환경 보호를 위해서는 대규모 데이터의 수집과 분석이 필요하다. AI는 방대한 양의 데이터를 신속하게 분석하고 유의미한 패턴을 도출해 기후 변화, 대기 오염, 수질 오염 등 다양한 환경 문제를 이해하고 해결하는 데 중요한 역할을 할 수 있다.

AI는 에너지 사용 패턴을 분석하고 최적화해 에너지 효율을 높이는 데 이바지할 수 있다. 스마트 그리드 시스템은 AI를 통해 전력 수요와 공급을 실시간으로 조절하며, 에너지 낭비를 줄여 준다.

AI는 농업, 제조업 등 다양한 산업에서 자원의 효율적인 사용을 가능하게 한다. 스마트 농업에서는 AI를 통해 작물 건강 상태, 토양 습도, 기상 조건 등을 모니터링하고, 최적의 농업 전략을 제시한다.

또한 AI는 대기 오염, 수질 오염, 토양 오염 등 환경 상태를 실시간으로 모니터링할 수 있다. 이러한 모니터링 시스템은 환경 오염을 신속하게 감지하고 대응할 수 있게 한다.

AI는 생물 다양성을 모니터링하고 보존하는 데에도 중요한 역할을 하는데, AI 기반 분석 도구는 다양한 생물종의 데이터를 수집하고 분석해 멸종 위기종을 모니터링하고 보호하는 데 도움을 준다.

AI는 도시의 차량 흐름을 분석해 교통 체증을 줄이고, 대중교통 시스템을 최적화하는 데 사용될 수 있다. 이를 통해 대기 오염을 줄이고 에너지를 절감할 수 있다.

예를 들어, AI 기반 교통 관리 시스템은 실시간 교통 데이터를 분석해 최적의 경로를 제시하고 교통 혼잡을 줄인다. 이는 도시의 지속 가능성을 높이고 주민의 삶의 질을 향상하는 데 기여한다.

AI는 도시의 에너지 소비 패턴을 분석해 에너지 효율을 높이고, 스마트 그리드와 연계해 재생 에너지 활용을 극대화한다. 이러한 AI 기반 솔루션은 도시의 지속 가능성을 향상하는 데 중요한 역할을 한다.

예를 들어 AI는 스마트 빌딩 관리 시스템에서 에너지 사용을 최적화해 에너지 소비를 줄이고 비용 절감에 기여한다.

AI를 통해 환경을 보호할 수 있는 이유는 AI의 데이터 분석 능력, 예측력, 자원 관리 및 최적화 기능, 실시간 환경 모니터링 및 보호 능력 덕분이다. AI는 기후 변화 대응, 에너지 효율화, 자원 절약, 생물 다양성 보존, 지속 가능한 도시 설계 등 다양한 분야에서 환경 보호를 위한 혁신적인 솔루션을 제공하며, 지속 가능한 발전을 위한 중요한 도구로 자리 잡고 있다.

AI와 환경 보호의 도전

AI는 환경 보호를 위한 혁신적인 도구로 많은 가능성을 제공하지만, 이러한 기술의 적용에는 여러 도전 과제도 함께 존재한다.

AI의 성능은 데이터의 품질에 크게 의존하기 때문에, 환경 보호를 위한 AI 시스템은 대량의 고품질 데이터가 필요하다. 그러나 환경 데이터는 종종 불완전하거나 일관성이 없으며 정확하지 않은 경우도 많아서, 이러한 문제는 AI 모델의 정확성과 신뢰성을 저해할 수 있다.

예를 들어 대기질 모니터링 시스템은 다양한 지역에서 일관성 있는 데이터 수집이 어려울 수 있다. 지역에 따라 센서 데이터가 부족하거나 데이터 수집 주기가 일정하지 않아 AI 모델이 정확한 예측을 하는 데 어려움을 겪을 수 있다.

또한 고품질의 환경 데이터는 종종 비공개되어 있거

나 접근이 제한적이다. 정부 기관, 연구소, 기업 등이 데이터를 소유하고 있으며, 이들이 데이터를 공개하지 않는 경우 AI 시스템 개발이 어려워진다. 따라서 데이터 접근성을 확보하지 못하면 AI의 잠재력을 충분히 발휘할 수 없다.

AI 기술은 빠르게 발전하고 있지만, 여전히 여러 기술적 한계가 있다. 환경 보호를 위한 AI 시스템은 복잡한 데이터 분석과 예측을 필요로 하며, 이는 고도의 기술적 발전이 필요한데, 현재의 AI 기술로는 모든 환경 문제를 해결하기 어려울 수 있다.

그리고 AI 시스템 개발과 운영에는 높은 비용이 필요하다. 데이터 수집, 처리, 모델 개발, 유지 보수 등 여러 과정에서 상당한 비용이 소요된다.

예를 들어 스마트 농업 시스템을 구축하기 위해서는 센서, 드론, 데이터 처리 장비 등의 설치와 유지 보수에 큰 비용이 필요한데, 이러한 비용은 농업 종사자들에게 큰 부담이 될 수 있다.

환경 데이터를 수집하고 처리하는 과정에서 개인의 프라이버시와 데이터 보안 문제도 발생할 수 있다. 특히 도시 내의 대기질 모니터링이나 교통 관리 시스템은 개인의 이동 데이터를 포함할 수 있어, 데이터 보호와 프라이버시 침해 문제가 제기될 수 있다.

AI 시스템은 종종 투명성이 부족하며, 의사 결정 과정을 인간이 이해하기 어려운 "블랙박스"로 작동할 수 있다. 이는 환경 보호와 관련된 의사 결정에서 윤리적 문제를 초래할 수 있다. AI가 내리는 결정이 공정하고 투명하며 그 결정에 책임질 수 있도록 하는 것이 중요하다.

AI와 환경 보호를 위한 정책과 규제가 명확하지 않으면 기술의 개발과 적용이 어려울 수 있다. AI 기술은 빠르게 발전하고 있으며, 이를 규제하는 법적 프레임워크는 아직 초기 단계에 있다. 명확한 규제와 정책이 마련되지 않으면 AI 기술의 적용에 제약이 따를 수 있다.

환경 문제는 국경을 초월한 글로벌 이슈이며, AI를 활용한 환경 보호를 위해서는 국제적인 협력과 공조가 필수적이다. 하지만 국가 간의 데이터 공유와 기술 협력, 정책 조율이 원활하지 않으면 효과적인 환경 보호가 어려워질 수 있다.

이러한 도전 과제를 극복하려면 기술 개발과 더불어 적절한 정책 마련, 국제 협력, 윤리적 고려가 필요하다. 이를 통해 AI는 환경 보호에 실질적으로 기여할 수 있을 것이다.

참고문헌

사회적가치연구원(2021). E [in] ESG. https://www.cses.re.kr/files/liveFile/esg-file/2024/03/20240319160037GeEU.pdf

사회적가치연구원(2023). G [in] ESG. https://www.cses.re.kr/files/liveFile/esg-file/2024/03/202403191600373gqn.pdf

이진성 외(2024). 『ESG 경영, A에서 Z까지』, 원더북스.

이태호(2023). 『ESG의 이해와 실천』, 율곡출판사.

홍상범(2024). 『ESG 도전과 응전』, 법률신문사.

06
AI와 사회적 책임: 기회와 도전

AI는 우리의 삶을 편리하게 만들지만, 잘못 사용되면 심각한 문제를 일으킬 수 있다. AI가 편향된 데이터를 바탕으로 차별적인 결정을 내리거나, 개인의 프라이버시를 침해할 위험이 있기 때문에, AI를 사회적 책임과 연계해 사용하는 것이 중요하다.

또한 AI의 자동화된 의사 결정은 잘못된 결과를 초래할 수 있으므로, AI를 사용할 때는 신중한 접근과 책임 있는 관리가 필요하다. 사회적 책임을 고려해 AI를 올바르게 사용하는 것은 윤리적이고 공정한 사회를 유지하는 데 필수적이다.

미래를 만드는 AI, 사회적 책임은 선택일까? 필수일까?

AI는 우리 삶을 더 편리하고 효율적으로 만들어 주는 기술이지만, 잘못 사용되면 큰 문제가 생길 수 있다. 그래서 우리는 AI를 사용할 때 사회적 책임을 가지고, 올바르게 사용해야 한다. 사회적 책임(social responsibility)이란 고대 철학자인 아리스토텔레스의 "인간은 사회적 동물"이라는 주장으로부터, 개인의 행동이 사회에 미치는 영향을 고려해야 함을 강조하는 개념이다(신상규 외, 2020; 2024).

사회적 책임의 개념이 구체적으로 발전하기 시작한 것은 18세기 후반에서 19세기 초반, 산업혁명 시기였다. 이 시기에 기업들은 대규모 생산과 이윤 추구에 몰두했지만, 동시에 노동자들의 열악한 근무 환경, 아동 노동, 환경 파괴와 같은 심각한 사회 문제들이 발생했다. 이러한 문제들은 기업이 단순히 이윤 추구만을 목표로 해서는 안 된다는 인식을 확산시켰고, 경제적 책임과 함께 사회적 책임의 개념이 중요해지는 계기가 되었다.

사회적 책임이라는 개념이 현대적으로 정립된 것은 20세기에 들어서면서부터다. 특히 1950년대부터 "기업의 사회적 책임(Corporate Social Responsibility, CSR)"

이라는 용어가 본격적으로 사용되기 시작했다. 21세기 들어 세계화와 정보화 시대가 도래하며 기업의 사회적 책임은 더욱 중요해졌다. 현대 사회에서는 기업뿐만 아니라 정부, 비정부 기구(NGO), 그리고 일반 대중도 사회적 책임을 강조하고 있으며, 환경 보호, 인권 존중, 공정 무역, 윤리적 소비 등 다양한 영역에서 사회적 책임이 중요하게 다뤄지고 있다.

AI가 데이터를 분석하고 결정을 내리는 과정에서 문제가 생길 수 있다. 만약 AI가 잘못된 데이터를 기반으로 결정을 내리면 그 결과가 잘못된 방향으로 나아갈 수 있는데, 이때 AI를 사용하는 사람이나 조직이 그 결과에 대한 책임에서 벗어날 수 없다. AI가 편향된 데이터를 학습하면 특정 집단에 대해 차별적인 결정을 내릴 수 있고, 의료 분야에서 질병을 진단할 때 잘못된 진단을 내릴 수도 있다. 또한 은행에서 대출 심사를 할 때 어떤 사람에게 대출해 줄지 AI가 결정할 수 있는데, 만약 AI가 잘못된 기준을 적용해 자격이 있는 사람에게 대출을 거절한다면, 그 사람은 피해를 볼 수 있다.

AI는 많은 데이터가 있어야 하는데, 이러한 데이터를 수집할 때 개인의 민감한 정보가 포함될 수 있다. AI를 사용할 때 이 정보가 잘못 사용되면 개인의 프라이버시가 침해될 수 있다. 예를 들어 얼굴 인식 AI는 사람의 얼굴을 인식하고 그 사람의 신원을 확인할 수 있지만, 이 기술이 잘못 사용되면 사람들이 감시당하거나 사생활이 침해될 수 있다. 또한 AI는 스마트폰의 위치 데이터를 활용해 사용자가 어디에 있는지 추적할 수 있는데, 이 정보가 악용되면 누군가가 우리의 일거수일투족을 감시할 수 있을 뿐만 아니라 범죄자가 이 정보를 이용해 특정 사람을 스토킹할 수 있다. AI는 우리의 건강 정보를 분석해 맞춤형 치료를 제공할 수 있지만, 이 정보가 잘못 관리되면 민감한 건강 정보가 유출될 수 있다.

이처럼 AI는 우리 삶을 편리하게 만들어 주지만 잘못 사용되거나 관리되지 않으면 큰 문제를 일으킬 수 있다. 그래서 우리는 AI를 사용할 때 항상 사회적 책임을 가지고, 그 결과가 어떻게 될지 신중하게 생각해야 한다. 그리고 AI가 어떻게 우리 사회에 영향을 미치는지 이해하고, 책임 있는 사용에 대해 고민해야 한다(한양대학교, 2017; 2020).

AI의 사회적 책임뿐만 아니라 기회도 함께

AI의 발전은 단순히 기술적 진보에 그치지 않고, 경제와 사회 전반에 걸쳐 새로운 기회를 창출하고 있다. 특히 빅

데이터, 딥러닝과 같은 첨단 기술의 도입은 AI의 성능을 획기적으로 향상시키며, 다양한 산업 분야에서 혁신을 끌어내고 있다.

AI는 자율주행차, 스마트 시티, 헬스케어, 핀테크 등 새로운 산업을 탄생시키는 데 핵심적인 역할을 하고 있으며, 이러한 산업은 경제 성장을 촉진하고 새로운 일자리를 창출하는 데 기여하고 있다.

AI가 현대 사회에서 왜 중요한 기회로 부상하고 있는지 이해하기 위해서는 그 배경이 되는 시대적, 기술적, 경제적 요인들을 종합적으로 살펴볼 필요가 있다.

첫째, 현대 사회는 디지털화와 함께 데이터의 폭발적인 증가를 통해 빅데이터를 활용하고 있다. 인터넷, 소셜 미디어, 스마트폰, 사물인터넷(IoT) 기기 등 다양한 디지털 장치와 플랫폼이 생성하는 데이터의 양은 상상할 수 없을 정도로 방대해졌고, 이러한 빅데이터는 AI가 학습하고 패턴을 인식하며 예측하는 데 필요한 원료로 사용된다. 예를 들어 구글이나 메타(meta) 같은 기업들은 사용자들이 생성한 대량의 데이터를 분석해 개인 맞춤형 광고를 제공하거나 특정 트렌드를 예측한다. 이러한 데이터 기반 AI 활용은 마케팅, 금융, 의료 등 다양한 산업에서 새로운 비즈니스 기회를 창출하고 있다.

둘째, AI의 핵심 기술 중 하나인 기계 학습, 특히 딥러닝 기술의 발전은 AI가 사람처럼 생각하고 복잡한 문제를 해결할 수 있는 능력을 크게 향상시켰다. 딥러닝은 다층 신경망을 이용해 데이터를 학습하고 그 과정에서 스스로 개선해 나가는 기술로, 이 기술은 이미지 인식, 음성 인식, 자연어 처리 등 다양한 분야에서 AI를 활용할 수 있게 했다. 예를 들어 음성 인식 AI가 탑재된 가상 비서는 딥러닝을 통해 사용자의 음성을 인식하고 자연스러운 대화를 나누며 다양한 작업을 수행할 수 있다. 이는 AI가 개인 비서, 고객 서비스 등에서 새로운 기회를 제공하는 이유가 된다.

셋째, AI는 새로운 산업과 시장을 창출하는 데 중요한 역할을 하고 있다. 자율주행차, 스마트 시티, 헬스케어 AI, 핀테크 등 다양한 산업이 AI 기술을 기반으로 성장하며, 경제 전반에 걸쳐 새로운 일자리와 투자 기회를 만들어 내고 있다. 예를 들어 자율주행차 산업은 AI 기술 덕분에 빠르게 성장하고 있으며, 이는 자동차 제조업체뿐만 아니라 기술 기업, 물류업체, 보험사 등 다양한 분야에 걸쳐 새로운 비즈니스 모델과 기회를 제공하고 있다. 이러한 사례는 AI가 새로운 산업을 창출하는 데 얼마나 중요한 역할을 하는지를 잘 보여 준다.

그러므로 AI가 새로운 기회로 부상하는 이유는 데이터와 컴퓨팅 파워의 발전, 기계 학습 기술의 혁신, 세계화와 정보화의 진전, 경제적 · 사회적 변화, 그리고 새로운 산업의 창출 등 여러 시대적 요인이 복합적으로 작용한 결과다. 이러한 요소들은 AI가 현대 사회에서 혁신적인 변화를 이끌고, 새로운 경제적, 사회적 기회를 창출하는 데 중요한 기반이 되고 있다.

참고문헌

사회적가치연구원(2022). S [in] ESG. https://www.cses.re.kr/files/liveFile/esg-file/2024/03/20240319160037aVZn.pdf

신상규 외(2020). 『포스트휴먼이 몰려온다 : AI 시대, 다시 인간의 길을 여는 키워드』, 아카넷.

신상규 외(2024), 『포스트휴먼으로 살아가기』, 아카넷.

한양대학교 과학철학교육위원회(2017). 『과학기술의 철학적 이해 1』, 한양대학교 출판부.

한양대학교 과학철학교육위원회(2020). 『과학기술의 철학적 이해 2』, 한양대학교 출판부.

07
AI 윤리와 ESG

AI 윤리는 AI 기술이 공정성, 투명성, 책임성을 갖추고 개인 정보를 보호하며, 인간 중심으로 사용되도록 보장하는 원칙을 제시한다. AI 윤리와 ESG는 기업이 AI를 윤리적이고 지속 가능하게 활용하도록 연계되며, 환경 보호, 사회적 책임, 투명한 거버넌스를 강조한다. 이 두 가지는 더 나은 사회와 환경을 구축하기 위한 중요한 도구로서 서로 깊이 연결되어 있다.

AI 윤리의 주요 원칙

AI는 사회, 경제, 정치 등 다양한 분야에 걸쳐 큰 영향을 미치고 있으며, 그 영향력은 점점 더 커지고 있다. 이러한 상황에서 AI 기술이 불공정하게 사용되거나, 인간의 권리를 침해할 가능성을 줄이기 위해 윤리적 고려가 필수적이다. AI 윤리는 기술의 발전이 인간 사회에 긍정적인 영향을 미치도록 보장하는 데 중요한 역할을 할 수 있다(이상욱 · 조은희, 2011; 이중원 외, 2019).

AI 윤리는 AI 기술의 개발, 배포, 그리고 활용 과정에서 발생할 수 있는 도덕적, 사회적, 법적 문제들을 다루는 철학적이고 규범적인 접근이다. AI 윤리는 AI가 인간 사회에 긍정적인 영향을 미치도록 하고, 동시에 잠재적인 위험을 최소화하기 위한 원칙과 기준을 제시하는 것을 목표로 한다.

AI 윤리는 AI 개발자, 기업, 정책 입안자, 그리고 사회 전체가 고려해야 할 중요한 요소로, 이를 통해 AI가 사회적으로 책임 있는 방식으로 사용되고, 그로 인해 발생할 수 있는 부작용이 최소화될 수 있다.

AI 윤리의 주요 원칙은 공정성, 투명성, 책임성, 개인정보 보호, 그리고 인간 중심성이다.

첫째, 공정성(Fairness)은 AI 시스템이 모든 사람을 공정하게 대우하는 것이다. AI가 사용하는 데이터나 알고리즘이 편향되면 특정 집단에 불공정하거나 차별적인 결과를 초래할 수 있기 때문에, AI 윤리는 데이터의 편향성을 줄이고 공정한 의사 결정을 보장하도록 한다.

둘째, 투명성(Transparency)은 AI가 어떻게 작동하는지, 그리고 어떻게 결정을 내리는지를 알 수 있게 하는 것이다. AI 시스템의 결정이 블랙박스처럼 이해하기 어렵다면 AI의 결정에 대한 신뢰가 떨어질 수 있다. 투명성은 AI 시스템의 설계와 운영에 대한 명확한 설명을 포함하며, AI가 내린 결정에 대해 이해하고 평가할 수 있도록 한다.

셋째, 책임성(Accountability)은 AI 시스템의 행동과 결과에 대해 누가 책임을 질 것인지를 명확히 하는 것이다. 만약 AI가 잘못된 결정을 내려 피해가 발생할 경우 그에 대한 책임이 어디에 있는지를 명확히 규정해야 한다. 이는 AI 시스템을 설계하고 운영하는 기업이나 기관이 책임을 져야 한다는 것을 의미한다.

넷째 원칙은 개인 정보 보호(Privacy Protection)다. AI는 많은 양의 개인 데이터를 처리하는데, 이 과정에서 개인의 프라이버시를 침해할 가능성이 크다. AI 윤리는 개인의 데이터를 보호하고, AI 시스템이 데이터를 수집하고 사용하는 방식을 투명하게 공개하며, 사용자의 동의를 받도록 하는 원칙을 포함하는 것이다.

AI 윤리의 마지막 주요 원칙은 인간 중심성(Human-Centric Approach)이다. AI는 인간의 삶을 향상시키기 위해 존재해야 하며, 인간의 존엄성과 권리를 침해하지 않도록 설계되어야 한다. 이는 AI가 인간의 통제를 벗어나지 않도록 하며, 최종 결정권이 항상 인간에게 있어야 한다는 원칙을 포함하는 것이다.

AI 윤리와 ESG의 만남

AI 윤리와 ESG는 둘 다 우리가 살고 있는 사회와 지구를 더 좋게 만드는 데에 중요한 역할을 한다. AI 윤리는 인공지능을 공정하게, 투명하게, 그리고 사람들에게 해를 끼치지 않도록 사용하는 방법에 관한 것이다. ESG는 기업이 환경을 보호하고, 사회에 좋은 영향을 미치며, 투명하고 올바르게 운영되도록 하는 기준이다. 이 둘은 모두 우리 사회가 더 나은 방향으로 나아가기 위한 규칙과 원칙을 다루고 있다.

AI는 오늘날 많은 기업이 사용하는 중요한 기술인데, 이 AI가 윤리적으로 사용되지 않으면 사람들에게 피해를 줄 수 있다. 예를 들어 AI가 잘못된 결정을 내려서 특정 사람들을 불공정하게 대한다면, 이는 사회적 책임을 다하지 않은 것이다. 그래서 AI 윤리가 ESG와 연관되는 것이다. 기업들이 AI를 사용할 때 환경을 생각하고, 사람들을 공정하게 대하며, 투명하게 운영할 책임을 다해야 한다는 점에서 AI와 ESG는 서로 연결된다.

AI는 에너지를 많이 사용할 수 있는데, 이를 효율적으로 관리하지 않으면 환경에 악영향을 미칠 수 있다. ESG의 '환경' 요소는 기업이 AI를 환경친화적으로 사용하도록 요구한다. 예를 들어 기후 변화를 예측하거나 에너지 사용을 줄이는 데 AI를 사용할 수 있다.

AI가 사람들에게 공정하게 사용되도록 하는 것은 ESG의 '사회' 요소와 관련된다. 예를 들어 AI가 편견 없이 모든 사람을 공정하게 대우하도록 만드는 것은 AI 윤리의 중요한 부분이며, 이는 기업이 사회적 책임을 다하는 방식 중 하나다.

ESG의 '거버넌스'는 기업이 투명하고 책임 있게 운영되는 것을 의미한다. AI 윤리는 기업이 AI를 사용할 때 그 결정 과정이 투명하고 책임 있게 이뤄지도록 요구한다. 예를 들어 AI가 내린 결정에 문제가 생겼을 때 그 책임이 어디에 있는지 명확하게 밝히는 것이 중요하다. 그러면 누가 이러한 분야에 관심이 있을까? 기업, 정부와 정책 입안자, 투자자, 그리고 일반 대중과 소비자들이 관심이 있다.

무엇보다도 많은 기업이 AI를 사용하면서 ESG 원칙을 지키려고 노력해야 한다. 기업들은 AI를 사용할 때 윤리적 기준을 지켜야 하고, 이에 따라 기업의 이미지도 좋아질 수 있다. 정부는 AI가 공정하게 사용되도록 법과 규제를 만든다. 또한 기업들이 ESG 원칙을 따르도록 유도한다.

투자자들은 기업이 ESG 원칙을 잘 지키고 있는지에 관심이 많다. 왜냐하면 ESG를 잘 지키는 기업이 더 안정적이고 장기적으로 성공할 가능성이 크다고 보기 때문이다.

우리가 사용하는 제품과 서비스가 AI를 통해 만들어지면서, 그 과정에서 윤리적 문제나 환경에 미치는 영향에 대한 관심이 필요하다. 이러한 이유로 일반 대중과 소비자들도 ESG와 AI 윤리에 점점 더 많은 관심을 기울이고 있다. 특히 미닝아웃(meaning out)이라는 소비 트렌드가 확산되면서, 소비자들은 자신의 가치관이나 신념을 소비 활동을 통해 적극적으로 표현하고 있다. 미닝아웃이란 단순히 가격이나 품질만을 고려하는 것이 아니라 제품이나 브랜드가 어떤 가치와 윤리를 지지하는지를 고려해 구매를 결정하는 것을 뜻한다. 오늘날 많은 소비자는 단순히 가격이나 품질만을 보고 제품을 선택하지 않는다. 대신 그 제품이 어떤 가치와 윤리를 지지하는지를 중요하게 여기며, 이를 구매 결정에 반영한다. 어떤 소비자는 자신이 구매하는 제품이 공정하게 거래된 원료로 만들어졌는지를 중요하게 생각할 수 있고, 어떤 소비자는 AI가 에너지 효율을 최적화해 환경에 미치는 영향을 줄이는 기술을 활용한 기업의 제품을 더 선호할 수 있다.

그러므로 AI 윤리와 ESG는 모두 더 나은 사회와 환경을 만드는 데 중요한 역할을 한다. 기업들이 AI를 사용하면서 사회적 책임을 다하도록 돕는 이 두 개념은 서로 깊이 연결되어 있다. 그래서 최근에 많은 사람이 이 분야에 관심을 가지고 있다.

참고문헌

이상욱 · 조은희(2011). 『과학 윤리 특강』, 사이언스북스.

임종식(2007). 『과학의 발전과 윤리적 고민』, 라이프사이언스.

이중원 외(2019). 『인공지능의 윤리학』, 한울아카데미.

08
AI와 윤리적 리더십

AI와 윤리적 리더십은 AI 기술의 공정성과 책임성을 보장하는 데 필수적이다. 리더들은 AI의 투명성과 신뢰성을 확보하고, 사회적 책임을 다하며, 지속 가능한 발전을 이끄는 역할을 할 수 있다. 글로벌 기준에 따라 AI를 윤리적으로 사용하고, 이를 조직 문화에 반영해 공정한 AI를 구현하는 것이 중요하다.

AI와 올바른 리더십

AI와 윤리적 리더십은 AI가 다양한 분야에서 공정하고 책임 있게 사용되도록 보장하는 데 필수적이다. 이는 사회적 책임을 다하고, AI의 투명성과 신뢰성을 확보하며, 지속 가능한 발전에 이바지하는 데 중요한 역할을 한다. 따라서 AI와 윤리적 리더십에 관심을 가지는 것이 중요하다(임기용 외, 2023).

"윤리(ethics)"란 단어는 그리스어 "에티코스(ἠθικός, ēthikos)"에서 유래했으며, 이는 "습관이나 성품"을 의미하는 말이다. 에티코스는 인간의 행동에 대한 도덕적 원칙을 다루는 철학적 개념으로, 어떤 행동이 옳은지 그른지를 판단하는 기준을 제공한다.

또한 "리더십(leadership)"이라는 단어는 "이끌다"를 의미하는 고대 영어 "laedan"에서 파생되었다. 리더십은 사람들을 이끌고, 목표를 달성하기 위해 조직을 이끄는 과정이나 능력을 의미한다.

따라서 윤리적 리더십(ethical leadership)은 도덕적 원칙에 따라 사람들을 이끌고 조직을 올바르게 이끄는 능력을 의미한다. 그래서 이 개념은 리더가 공정하고 책임감 있게 행동하며 사람들에게 신뢰를 주는 방식으로 이끄는 것을 강조한다.

올바른 리더십은 조직과 사회에 좋은 영향을 주고 지속 가능한 발전을 이루는 데 매우 중요한 역할을 할 수 있다. 특히 AI 같은 첨단 기술이 빠르게 발전하는 현대 사회에서는 리더가 이 기술을 윤리적으로 사용하고 사회적 책임을 다하는 데 중요한 역할을 한다.

리더는 AI 기술이 어떻게 사용되는지 결정하며, 잘못된 방향으로 가지 않도록 책임을 진다. 또한 AI가 공정하게 사용되고 투명하게 작동하도록 해야 한다. 이렇게 하면 사회의 신뢰를 얻을 수 있고 조직이 장기적으로 성공할 수 있다. 리더는 단기적인 이익보다는 장기적으로 사회와 환경에 긍정적인 영향을 줄 수 있는 결정을 내려야 한다.

올바른 리더십에는 크게 네 가지 중요한 유형이 있다. 윤리적 리더십(ethical leadership)은 도덕적 기준을 지키며 AI가 사람들에게 해를 끼치지 않도록 보장한다. 책임감 있는 리더십(responsible leadership)은 AI 사용의 결과에 책임을 지고 사회적 책임을 다하는 리더십이다. 변화 관리 리더십(change management leadership)은 AI 기술이 조직에 잘 적용되고 사람들이 그 변화에 잘 적응할 수 있도록 돕는 리더십이다. 마지막으로 포용적 리더십(inclusive leadership)은 AI가 모든 사람에게 공정하게 사용되도록 보장하는 리더십이다.

이렇게 올바른 리더십은 AI 같은 기술이 사회에 좋은 변화를 가져오고, 지속 가능한 발전을 끌어내는 데 꼭 필요하다.

공정한 AI를 위한 리더의 역할

AI 기술이 전 세계적으로 사용되면서, 윤리적 문제와 사회적 책임에 대한 글로벌 기준이 필요해졌다. 국제기구와 정부들은 이러한 글로벌 기준을 마련하기 위해 노력해 왔다. 유네스코(UNESCO), 유럽연합(EU), 경제협력개발기구(OECD)와 같은 기관들은 AI의 공정성, 투명성, 책임성 등을 보장하는 가이드라인을 제시하고 있다. 이들은 AI가 인간의 존엄성을 존중하고 사회적 이익을 증진하는 방향으로 사용될 수 있도록 글로벌 기준을 수립하고 있다.

글로벌 기준이 마련되더라도, 각 조직에서 이를 올바르게 실천해야만 실제로 효과를 발휘할 수 있다. 이때 리더십이 중요한 역할을 한다. 올바른 리더십은 AI 기술이 윤리적 기준에 맞게 사용되도록 방향을 제시하고, 조직 내 공정성과 책임감을 강화하는 데 기여할 수 있다.

리더들은 AI 기술이 조직의 목표에 맞게 활용되면서도 사회적 책임을 다할 수 있도록 해야 한다. 이들은 글로벌 기준을 준수하는 것뿐만 아니라 조직의 특성에 맞는 윤리적 가이드라인을 수립하고 이를 실천하도록 하는 역할을 한다.

공정한 AI는 모든 사람이 공평하게 대우받을 수 있고 어떤 편향이나 차별도 없이 AI가 사용되도록 하는 것을 의미한다. 이를 위해 리더들은 AI 시스템이 사용하는 데이터의 편향성을 줄이고, 의사 결정 과정이 투명하게 이뤄지도록 해야 한다. 또한 AI가 내리는 결정에 대해 명확한 책임 소재를 두고, 그 결과가 불공정하거나 사회에 해를 끼치지 않도록 지속적으로 모니터링하는 것이 중요하다.

리더들은 조직 내 모든 구성원이 AI의 윤리적 사용에 대해 인식하고 이를 실천할 수 있도록 교육과 훈련을 제공할 수 있다. 이를 통해 공정한 AI를 구현하고 조직이 사회적 신뢰를 유지할 수 있도록 하는 것이 리더의 중요한 역할이다.

공정한 AI 구현을 위한 글로벌 가이드라인

글로벌 기준은 AI 기술이 전 세계적으로 공정하고 책임 있게 사용되도록 돕는 국제적인 지침이다. 주요 기준으로는 유네스코의 AI 윤리 가이드라인, 유럽연합의 신뢰할 수 있는 AI를 위한 윤리 가이드라인, OECD의 AI 원칙, G20의 AI 원칙, 그리고 국제표준화기구(ISO, International Organization for Standardization)와 국제전기기술위원회(IEC, International Electrotechnical Commission) AI 표준이 있다. 이들 기준은 AI가 인권을 존중하고 사회적 이익을 증진하며 지속 가능한 발전에 기여할 수 있도록 하는 데 중점을 두고 있다(박재영, 2018).

2021년에 유네스코는 “AI 윤리 권고안(Recommendation on the ethics of artificial intelligence)”을 발표해 AI의 개발 및 사용에서 윤리적 원칙을 준수할 것을 권장했다. 이 권고안은 AI가 인권, 지속 가능성, 평등 및 포용성을 촉진할 수 있도록 하는 데 중점을 두고 있다.

OECD는 2019년에 “OECD AI 원칙(OECD AI Principles)”을 발표했다. 이 원칙은 포괄적이고 책임 있는 AI 사용을 촉진하기 위한 정책 권장 사항을 포함하고 있으며, 특히 투명성, 공정성, 책임성을 강조하고 있다.

유럽연합은 “인공지능법안(AI Act)”을 통해 AI의 개발과 사용에 대한 규제 및 표준을 제시하고 있다. 이 법안은 AI 시스템의 위험성을 평가하고, 공정성 및 투명성에 대한 요구 사항을 포함하고 있다. 또한, “AI 윤리 가이드라인”도 발표해 AI 시스템이 인간 중심적이고 신뢰할 수 있도록 하는 원칙을 정의하고 있다.

국제전기전자공학회(IEEE, Institute of Electrical and Electronics Engineers)는 "AI 및 자율 시스템을 위한 윤리적 설계 원칙(Ethically Aligned Design)"이라는 보고서를 통해 AI 시스템의 윤리적 설계 및 운영을 위한 가이드라인을 제시하고 있으며, 이 보고서는 공정성, 투명성, 책임성을 중시한다.

세계 경제 포럼(WEF, World Economic Forum)은 "AI 윤리 및 인권 프레임워크"를 통해 AI가 인간의 권리와 윤리를 존중하면서 개발되고 사용되도록 하는 기준을 제시하고 있다. 이 프레임워크는 공정성, 설명 가능성, 투명성을 강조하고 있다.

국제표준화기구(ISO, International Organization for Standardization)는 "AI 관련 국제 표준(ISO/IEC JTC 1/SC 42)"을 통해 AI 시스템의 개발, 사용, 관리에 관한 표준을 제시하고 있으며, 이 표준은 기술적 측면과 아울러 윤리적 측면도 다루고 있다.

이러한 글로벌 기준을 실천해 AI의 긍정적인 영향을 극대화하고 사회적 책임을 다할 수 있도록 가이드라인을 제공하고 있다.

이러한 글로벌 기준은 각 조직 내에서 실천될 때 그 진정한 가치를 발휘할 수 있다. 리더들은 글로벌 AI 윤리 기준을 조직의 정책과 절차에 반영하고, 이를 조직의 문화로 정착시키기 위해 노력할 수 있다. 이는 단순히 법적 요구 사항을 준수하는 것을 넘어 AI를 활용한 모든 활동에서 윤리적 기준을 우선시하는 조직 문화를 형성하는 것을 의미한다.

리더들은 AI 기술이 조직의 운영에 통합될 때 그 과정이 투명하고 책임감 있게 이루어지도록 관리할 수 있다. 또한 조직의 AI 사용이 지속 가능한 발전과 사회적 이익에 이바지하는 방향으로 나아가도록 이끄는 역할을 할 수 있다.

참고문헌

김윤진(2024.3.18). "AI 시대, 리더십의 본질은 같아.. 과민 반응 경계하라", 동아일보, https://www.donga.com/news/Economy/article/all/20240317/124015780/1

박재영(2018). 『국제기구와 글로벌 거버넌스』, 법문사.

임기용 외(2023). 『인공지능 시대의 리더십』, 부크크.

황종환(2021). "인공지능시대에 도덕적 수월의 리더십", ≪윤리연구≫, 1권 135호, 한국윤리학회, 1~22쪽.

09
ESG와 리더십 사례

ESG 경영은 현대 기업의 필수 요소이며, 리더십은 이를 실천하는 데 핵심 역할을 한다. 기업은 환경 보호, 사회적 책임, 투명한 거버넌스를 통해 지속 가능한 성장을 도모할 수 있다. 성공적인 ESG 사례는 기업이 경제적 성과와 함께 사회적 가치와 환경적 책임을 실현할 수 있음을 보여 준다. ESG 리더십은 장기적인 성공을 위한 필수 요소다.

지속 가능한 경영 리더십

ESG 목표를 달성하기 위해서는 리더십이 전략적으로 접근해야 한다. ESG 원칙을 기업 전략의 중심에 통합하고, 이를 실천하기 위해 조직 전체를 이끌어야 한다.

ESG의 원칙은 현대 기업 경영에서 필수적인 요소로 자리 잡고 있다(이보균, 2021). 기업은 단순히 경제적 이익을 추구하는 것에 그치지 않고, 환경 보호, 사회적 책임, 그리고 투명한 거버넌스를 통해 장기적으로 지속 가능한 성장을 도모하고 있다. ESG 원칙의 중요성은 세 가지 축으로 설명할 수 있다.

첫째 축은 환경적 책임으로, 기업이 운영하는 과정에서 환경에 미치는 영향을 최소화하는 데 초점을 맞춘다. 탄소 배출 감소, 에너지 효율성 증대, 자원 재활용 확대 등의 활동은 기업의 환경적 책임을 강화하며, 장기적인 생존 가능성을 높이는 데 기여할 수 있다. 또한 재생 에너지를 활용하거나 친환경 제품을 개발하는 기업은 소비자와 투자자로부터 긍정적인 평가를 받아 브랜드 이미지와 시장 경쟁력을 강화할 수 있다.

둘째 축은 사회적 책임이다. 기업이 직원, 고객, 지역사회 등 다양한 이해관계자에 대해 책임지는 것은 필수적이다. 공정한 노동 관행, 인권 존중, 안전하고 건강한 근무 환경 제공, 그리고 지역 사회 기여를 통해 기업은 신뢰를 쌓고 장기적으로 평판을 보호할 수 있다. 예를 들어 노동자들의 권리를 보호하고 공정한 임금을 지급하는 기업은 직원들의 충성도와 생산성을 높일 수 있으며, 이는 기업 성과에 긍정적인 영향을 미칠 수 있다.

셋째 축은 거버넌스의 투명성과 책임성이다. 기업의 투명한 지배구조는 이사회 구성의 다양성, 경영진의 투명한 의사 결정, 내부 통제 시스템 강화, 그리고 이해관계자와의 소통을 통해 실현된다. 투명하고 책임 있는 지배구조를 가진 기업은 외부의 신뢰를 얻기 쉬우며, 이는 투자자와 소비자의 신뢰로 이어질 수 있다. ESG 원칙을 준수하는 기업은 규제 당국의 요구를 충족할 뿐만 아니라 이해관계자들의 기대를 넘어서는 가치를 제공해 장기적인 성공을 도모할 수 있다.

책임 있는 리더십과 사회적 가치

윤리적 리더십은 기업이 올바른 일을 하고 공정하고 투명하게 행동하는 것을 의미한다. 예를 들어 직원이나 고객에게 거짓말을 하지 않고, 약속을 지키며, 환경을 보호하는 등의 행동이 여기에 해당한다. 이와 같은 리더십은 회사의 평판을 좋게 만들고, 사람들이 그 회사를 믿을 수 있게 해 준다. 또한 윤리적인 리더는 법을 지키고 회사가 문제가 생기지 않도록 미리 대비하는 데도 중요한 역할을 한다.

투명한 지배구조는 회사가 어떻게 운영되는지, 중요한 결정이 어떻게 이루어지는지를 사람들이 알 수 있도록 한다. 예를 들어 회사의 중요한 의사 결정을 할 때 다양한 사람들의 의견을 듣고 그 과정을 숨기지 않는 것이 중요하다. 이렇게 하면 회사가 정직하게 운영되고 있다는 신뢰를 얻을 수 있다.

사회적 책임을 실천하는 리더십은 회사가 이익을 추구하는 것뿐만 아니라 사회와 환경에 좋은 영향을 미치는 활동도 중요하게 생각하는 것이다. 예를 들어 어떤 회사는 지역 사회의 어려운 사람들을 돕기 위해 프로그램을 운영하거나 환경을 보호하기 위해 노력할 수 있다.

이런 활동을 통해 회사는 사람들에게 좋은 이미지를 심어 주고, 오랫동안 성공할 수 있는 기반을 마련할 수 있다. 또한 이런 사회적 책임 활동을 잘하는 회사의 사례를 다른 회사들도 본받아 더 많은 회사가 사회와 환경을 위해 노력할 수 있게 된다.

이처럼 윤리적 리더십과 사회적 책임을 실천하는 리더십은 회사가 사람들에게 신뢰받고 오랫동안 성공할 수 있도록 도와주는 중요한 요소다.

ESG 경영의 성공 사례

최근 글로벌 비즈니스 환경에서 ESG 원칙의 중요성이 점점 더 주목받고 있다. 기업들이 단순히 이윤 추구를 넘어 사회적 책임과 환경적 지속 가능성을 실현하는 것이 장기적인 성공을 위한 필수 요소로 자리 잡고 있다. 이러한 변화 속에서 리더십의 역할은 더욱 중요해졌다. 리더들이 ESG 원칙을 경영 전략의 중심에 두고 이를 실천함으로써 기업은 지속 가능한 성장을 이룰 수 있다.

미국의 애플은 100% 재생 가능 에너지를 사용해 ESG 목표를 달성한 기업이다. 애플은 전 세계 모든 시설에서 재생 에너지를 사용하고, 공급망 전반에 걸쳐 탄소 배출을 줄이기 위한 다양한 프로그램을 운영하고 있다. 애플의 리더십은 기술 혁신을 넘어 환경적 지속 가능성 실현에 중점을 두고 있으며, 이러한 노력은 애플이 친환경 리더로서 고객과 투자자들의 신뢰를 얻는 데 기여하고 있다.

미국의 파타고니아는 환경 보호를 핵심 가치로 삼고 있는 아웃도어 의류 브랜드로, ESG 리더십의 또 다른 성공 사례다. 파타고니아는 수익의 일정 부분을 환경 보호

단체에 기부하고, 제품 수리 서비스와 재활용 프로그램을 통해 자원 낭비를 줄이는 데 앞장서고 있다. 이 기업의 리더십은 단순히 제품 판매에 그치지 않고 지구를 보호하기 위한 비즈니스 모델을 구축함으로써 환경 보호에 대한 인식을 높이고 있다.

미국의 스타벅스는 지속 가능한 커피 농업을 통해 ESG 리더십을 실천하는 대표적인 기업이다. 스타벅스는 커피 원두의 대부분을 윤리적인 조달 기준에 따라 공급받으며, 재활용할 수 있는 컵 사용을 확대하고 있다. 이러한 노력은 스타벅스가 세계 시장에서 환경과 사회적 책임을 다하는 기업으로서 입지를 강화하는 데 크게 기여하고 있다.

프랑스의 다농은 B Corp 인증을 받은 최초의 다국적 기업으로, 투명한 경영과 지속 가능한 농업을 실천하는 ESG 리더십의 모범 사례다. B Corp 인증은 사회적 · 환경적 성과, 투명성, 법적 책임을 기준으로 기업의 지속 가능성을 평가하는 인증으로, 기업이 단순한 이윤 추구를 넘어 사회적 가치를 창출하는 데 기여하고 있음을 증명한다. 다농은 전 세계 사업장에서 환경적, 사회적 책임을 다하며, 지속 가능한 농업을 통해 자원을 효율적으로 사용하고 토양 건강을 개선하는 데 주력하고 있다. 이러한 접근 덕분에 다농은 글로벌 시장에서 윤리적이고 지속 가능한 기업으로 인정받고 있다.

스웨덴의 이케아는 자원 효율성을 높이고, 제품의 수명을 연장하는 순환 경제 모델을 도입했다. 2030년까지 모든 제품을 재생할 수 있거나 재활용할 수 있는 소재로 제작할 것을 목표로 하며, 사용된 가구를 회수해 재판매하거나 재활용하는 프로그램을 운영하고 있다. 또한 전 세계 매장과 물류 센터에서 재생 가능 에너지를 사용해 환경적 지속 가능성을 강화하고 있다.

스위스의 네슬레는 지속 가능한 농업을 통해 원료 공급망에서 발생하는 환경적 영향을 최소화하고 있다. 협력 농가와 함께 물 사용량을 줄이고, 탄소 배출을 감소시키는 농업 방법을 도입하고 있다. 또한 2025년까지 모든 제품 포장을 100% 재활용할 수 있거나 재사용 가능하게 만드는 목표를 세워 플라스틱 폐기물 감소를 위해 노력하고 있다.

독일의 BMW 그룹은 전기차와 플러그인 하이브리드 차량 개발에 적극 투자하며, 2030년까지 전체 차량 판매의 절반을 전기차로 채우겠다는 목표를 세웠다. 또한 재활용 알루미늄 등 친환경 소재를 사용해 차량을 제작하고, 공급망 전반에서 환경적 책임을 강화하고 있다.

이처럼 ESG와 리더십의 성공 사례는 기업이 환경적 책임과 사회적 가치를 실현하면서도 경제적 성과를 동시에 달성할 수 있음을 보여 준다. ESG를 경영의 중심에 두고 이를 실천하는 리더십은 기업의 장기적인 성공을 위한 중요한 요소로 자리 잡고 있다.

참고문헌

사회적가치연구원(2022). S [in] ESG. https://www.cses.re.kr/files/liveFile/esg-file/2024/03/20240319160037aVZn.pdf

이정완(2023). 『유비쿼터스 ESG 경영 리더십』, 좋은땅.

이보균(2021). 『변혁의 시대 ESG 리더십』, 카모마일북스.

10
AI와 ESG 리더십의 미래

AI는 ESG 리더십을 강화해 환경 보호, 사회적 책임, 투명성을 증대시킨다. 실시간 데이터 분석과 블록체인의 결합을 통해 기업의 투명성을 높이고, ESG 리스크를 조기에 감지하며, 규제 준수를 지원할 수 있다. 또한 AI는 자원 효율성을 높이고 사회적 불평등을 완화하는 데 기여해 지속 가능한 기업 운영과 더 나은 사회 구축에 이바지할 수 있다.

AI와 환경 보호의 새로운 길

AI는 ESG 리더십을 강화하는 데 중요한 역할을 할 수 있다. AI는 방대한 데이터를 실시간으로 분석해 기업이 환경적, 사회적 영향을 더 정확하게 모니터링하고 전략을 수립하도록 도울 수 있다. 이를 통해 기업은 자원 관리의 효율성을 높이고, 사회적 책임을 이행하며, 투명성을 강화할 수 있다. 또한 AI는 혁신적인 비즈니스 모델 개발과 리스크 관리에 이바지해 기업의 지속 가능성과 경쟁력을 강화할 수 있다. 결과적으로 AI는 ESG 목표 달성을 지원하며, 기업의 장기적인 성공을 도모하는 데 중요한 도구로 작용할 수 있다(제리 카플란, 2024).

AI는 환경 보호를 위한 새로운 길을 제시하며, ESG 리더십의 중요한 요소로 자리 잡고 있다. AI 기술은 환경적 영향을 줄이고 지속 가능한 미래를 만들어 가는 데 다양한 방식으로 기여하고 있다.

우선 AI는 방대한 환경 데이터를 실시간으로 분석해 지구 환경의 변화와 자원 사용을 효율적으로 모니터링할 수 있다. 예를 들어 AI 알고리즘은 위성 이미지와 기상 데이터를 분석해 산불, 홍수, 해양 오염 등 환경 재해를 조기에 감지하고 이에 신속히 대응할 수 있다. 이를 통해 자연재해로 인한 피해를 최소화하고 환경 보전을 위한 조치를 더 효과적으로 취할 수 있다.

또한 AI는 에너지 소비, 물 사용, 폐기물 관리 등에서 자원 효율성을 극대화하는 데 큰 역할을 한다. 예를 들어 AI 기반 시스템은 건물의 에너지 사용을 실시간으로 조절해 불필요한 에너지 소비를 줄이고, 재생 가능 에너지를 더욱 효율적으로 활용할 수 있게 돕는다. 이를 통해 기업은 운영 비용을 절감하면서 환경에 미치는 부정적인 영향을 최소화할 수 있다.

그리고 AI는 기후 변화와 관련된 데이터를 분석하고 예측 모델을 개발해 미래의 환경적 도전에 대비할 수 있다. AI 모델은 온실가스 배출량, 기온 상승, 해수면 상승 등 다양한 요소를 종합적으로 분석해 정부와 기업이 적절한 대응 전략을 수립하도록 돕는다. 이러한 예측은 장기적인 환경 보호 계획 수립에 필수적인 도구가 될 수 있다.

또한 AI 기술은 재활용 공정의 효율성을 높이고 폐기물 관리를 최적화하는 데 활용된다. 예를 들어 AI 기반 로봇은 폐기물을 분류하고 재활용할 수 있는 자원을 효과적으로 추출해 폐기물 처리의 효율성을 극대화할 수 있다. 이는 자원 낭비를 줄이고 순환 경제를 촉진하는 데 중요한 역할을 할 수 있다.

더 나아가 AI는 농업 분야에서도 환경 보호에 기여할 수 있다. 스마트 농업 기술을 통해 농작물의 생장 조건을 최적화하고, 물과 비료 사용을 줄이며 농약 사용을 최소화할 수 있다. 이를 통해 농업 생산성을 높이는 동시에 환경에 미치는 부정적인 영향을 줄일 수 있다. 또한 AI는 생태계 보호를 위해 야생 동물의 서식지와 이동 경로를 모니터링하고, 생물 다양성 유지에도 도움을 줄 수 있다.

마지막으로 AI는 스마트 시티 개발에도 중요한 역할을 하고 있다. AI는 차량 흐름을 최적화해 차량 배기가스를 줄이고 에너지 효율이 높은 건물을 설계하며 공공 자원의 효율적 관리를 지원할 수 있다. 이는 도시가 환경 친화적인 방식으로 성장할 수 있도록 돕는다.

이처럼 AI는 환경 보호를 위한 새로운 가능성을 열어주고 있다. AI를 통해 우리는 더 스마트하고 효율적인 방법으로 자원을 관리하고, 기후 변화에 대응하며, 지속 가능한 미래를 만들어 갈 수 있다. AI와 ESG 리더십이 결합함으로써 기업들은 환경 보호에 대한 책임을 다하면서도 경제적 성과를 동시에 달성할 수 있는 길을 모색할 수 있다.

AI로 더 나은 사회 만들기

AI는 현대 사회의 다양한 문제를 해결하는 강력한 도구로 자리 잡고 있으며, 특히 ESG 리더십을 강화하는 데 중요한 역할을 하고 있다. 오늘날 기업과 정부는 사회적 책임을 다하고 지속 가능한 미래를 구축하기 위해 AI 기술을 점점 더 많이 활용하고 있다. AI는 포용성과 공정성을 높이고 접근성을 향상시키며 사회적 불평등을 완화하는 등 사회적 가치를 증진하는 데 기여하고 있다.

또한 공공 안전과 보안을 강화하고, 의료 혁신과 건강관리의 질을 높이며, 지속 가능한 도시와 인프라를 구축하는 데도 중요한 역할을 한다. AI를 책임감 있게 활용함으로써 우리는 더 공정하고 포용적인 사회를 만들고 모두에게 더 나은 기회를 제공할 수 있다.

우선 AI는 인력 관리와 채용 과정에서 편견을 줄이고, 공정성을 높이는 데 중요한 역할을 할 수 있다. AI 기반 분석 도구는 채용 과정에서 후보자의 역량과 경험을 객관적으로 평가해 성별, 인종, 배경에 따른 편견 없이 적합한 인재를 선발하도록 도울 수 있다. 또한 직원들의 다양성과 포용성 지표를 분석해, 조직이 더 포용적인 문화를 조성하도록 지원할 수 있다.

다음으로 AI 기술은 장애인과 소외 계층의 접근성을

크게 향상시킬 수 있다. 예를 들어 AI 기반 음성 인식, 텍스트 변환, 자동 번역 기술은 청각 및 시각 장애인들에게 정보에 대한 접근성을 높여 준다. 이러한 AI는 의료 서비스와 교육에 대한 접근성을 확대하는 데도 중요한 역할을 할 수 있다. 원격 의료 및 맞춤형 교육 프로그램을 통해 소외된 지역의 사람들도 양질의 서비스를 받을 수 있다.

또한 AI는 사회적 불평등을 완화하는 데 기여할 수 있다. AI는 데이터 분석을 통해 빈곤, 교육 격차, 건강 불균형 등의 문제를 정확히 파악하고, 이를 해결하기 위한 정책을 지원할 수 있다. 예를 들어 AI는 정부와 NGO가 자원을 효과적으로 배분하고 사회적 약자에게 필요한 지원을 신속하게 제공하는 데 활용될 수 있다.

더불어 AI는 공공 안전과 보안을 강화하는 데 중요한 역할을 할 수 있다. AI 기반 예측 분석 도구는 범죄 발생 가능성을 예측하고 예방 조치를 마련하는 데 활용될 수 있다. 예를 들어 AI는 범죄 패턴을 분석해 경찰이 자원을 더 효율적으로 배치하고 범죄를 예방하는 데 기여할 수 있다. 또한 자연재해나 긴급 상황 발생 시 신속하게 데이터를 분석해 구조 활동을 지원할 수도 있다.

AI는 의료 분야에서도 혁신적인 발전을 이끌어 더 많

은 사람이 질 높은 의료 서비스를 받을 수 있게 한다. AI 기반 진단 시스템은 질병을 조기에 발견하고, 환자 맞춤형 치료 계획을 제시할 수 있다. 또한 AI는 의료 기록을 분석해 개인의 건강 상태를 지속적으로 모니터링하고 예방적 조치를 제안하는 데 활용된다. 이를 통해 전체적인 건강 관리 수준을 높이고 의료 접근성을 확대하는 데 기여할 수 있다.

그뿐만 아니라 AI는 스마트 시티와 지속 가능한 인프라 구축에 중요한 역할을 할 수 있다. AI 기술을 활용해 차량 흐름을 최적화하고, 에너지 효율성을 높이며, 공공자원의 관리와 배분을 효율적으로 할 수 있다. 이를 통해 도시 생활의 질을 향상하고 환경적 영향을 줄이며, 더 지속 가능한 사회를 만드는 데 기여할 수 있다.

마지막으로 AI는 교육의 질을 높이고, 더 많은 사람에게 평등한 교육 기회를 제공할 수 있다. AI 기반 맞춤형 학습 프로그램은 학생들의 학습 속도와 스타일에 맞춰 교육 내용을 제공해 각자의 필요에 맞는 학습 경험을 제공한다. 또한 AI는 전 세계 어디서든 접속할 수 있는 온라인 교육 플랫폼을 통해 교육 자원이 부족한 지역의 학생들에게도 양질의 교육을 제공할 수 있다.

AI로 기업의 투명성 높이기

AI는 기업의 투명성을 높이는 데 중요한 역할을 하며, ESG 리더십의 핵심 요소로 자리 잡고 있다. 현대 기업들은 이해관계자들과의 신뢰를 구축하고 지속 가능한 경영을 실현하기 위해 AI 기술을 점점 더 많이 활용하고 있다. AI는 실시간 데이터 분석과 모니터링을 통해 기업의 환경적, 사회적 성과를 투명하게 관리할 수 있게 하며, 블록체인과 결합해 기업의 거래와 운영 과정을 투명하게 기록함으로써 이해관계자들에게 신뢰할 수 있는 정보를 제공할 수 있다.

우선 AI는 방대한 데이터를 실시간으로 분석하고 모니터링할 수 있다. 이를 통해 기업은 환경, 사회적 책임, 지배구조와 관련된 활동을 더욱 투명하게 관리할 수 있다. AI 기반 데이터 분석 도구는 기업의 운영 과정에서 발생하는 다양한 데이터를 수집하고, 이를 실시간으로 분석해 정확한 보고서를 생성할 수 있다. 예를 들어 탄소 배출량, 에너지 소비, 폐기물 관리와 같은 환경적 지표를 실시간으로 모니터링해 이해관계자들에게 투명하게 공개할 수 있다. 이러한 투명한 데이터 제공은 기업이 규제 준수를 넘어 자발적으로 환경적 책임을 다하고 있음을 증명하는 데 도움이 될 수 있다.

다음으로 AI와 블록체인을 결합하면 기업의 거래와 운영 과정을 더욱 투명하게 만들 수 있다. 블록체인의 분산 원장 기술과 AI의 데이터 분석 능력을 결합해 투명성과 신뢰성을 극대화할 수 있다. 블록체인은 데이터를 변경할 수 없는 형태로 기록해 거래와 운영 과정의 투명성을 보장한다. AI는 이러한 블록체인 데이터를 분석하고 패턴을 찾아내거나 이상 징후를 감지할 수 있다.

예를 들어 공급망 관리에서 블록체인에 기록된 각 거래를 AI가 분석해 원산지 인증, 공정 무역 준수 여부 등을 실시간으로 모니터링할 수 있다. 이를 통해 기업은 모든 운영 과정에서 투명성을 유지하고, 이해관계자들에게 신뢰할 만한 정보를 제공할 수 있다.

마지막으로 AI는 ESG 리스크를 조기에 감지하고, 규제 준수를 모니터링하는 데 활용되어 기업의 투명성을 높인다. 이를 통해 기업은 불확실성을 줄이고, 이해관계자들에게 신뢰받는 경영을 실천할 수 있다. AI는 기업의 운영 과정에서 발생할 수 있는 ESG 리스크를 실시간으로 분석하고 잠재적인 문제를 사전에 감지할 수 있다.

예를 들어 공급망에서 발생할 수 있는 인권 침해나 환경 관련 문제를 조기에 발견하고 대응할 수 있다. 또한 변화하는 규제를 자동으로 추적하고 기업이 이를 준수할 수 있도록 지원한다. 이는 기업이 규제 준수와 리스크 관리 측면에서 투명성을 유지하는 데 필수적인 역할을 할 수 있다.

참고문헌

김성완(2024). 『AI 미래』, 포르체.

전혜인 외(2024), 『High 인공지능 Hi 인류의 미래』, 경기도책공작소.

제리 카플란 지음, 정미진 옮김(2024). 『제리 카플란 생성형 AI는 어떤 미래를 만드는가』, 한즈미디어.

김성희

한양대학교 창의융합교육원(과학철학교육위원회) 교수로 재직 중이며, 고려대학교에서 교육학 박사학위를 받았다. 한양대학교 과학기술윤리법정책센터의 선임연구원, 한양대학교 예술과 과학기술연구소 운영위원, 한양대학교 에너지신산업단 참여교수, 국가평생교육진흥원 외부위원, 논산시 정책위원회 외부위원, 광주교육정책연구센터 외부위원으로 활발히 활동하고 있다. 주요 저서로 『청소년을 위한 진로 인문학』(공저, 2024)이 있다. "ESG 경영전략 실천을 위한 인공지능 기술 활용(2022), ESG 시대의 다문화 교양교육(2023), 대학의 ESG 교양교육의 방향(2023)" 등의 논문을 등재학술지에 게재했다.